天才を生んだ孤独な少年期

ダ・ヴィンチからジョブズまで

熊谷高幸

新曜社

はじめに

この十年あまり、天才と呼ばれる人々の人生をたどってみて発見したのは、そこに共通して、少年期に驚くべき孤独が存在したということだった。

ここでいう天才とは、世の中の文化を変えるような仕事をした人々である。能力が飛び抜けた人全体を指すわけではない。そして、新しい世界を生み出すための苦悩を経験した人々である。

天才とは、このように、すでにある世界と対決した人々だから、そこに孤独があるのは容易に想像できる。では、彼らは天才となる中で孤独になったのだろうか？　実はそうではなくて、少年時代から孤独であり、それが天才を生みだした、とするのが本書の内容である。

この本で取り上げるのは、ダ・ヴィンチ、ニュートン、エジソン、夏目漱石、アインシュタイン、ジョブズである。この人たちは、天才というとまず頭に浮かぶような人物ばかりである。だから、私の考えに都合のいい人たちだけを特に選び出したわけではない。これらの人たちの人生には、天才に不可欠なものが典型的な形で含まれているのである（なお、六人の天才の中に漱石を入れたのは、そこに日本人も含めておきたかったという理由もあるが、もうひとつ、漱石自身、優れた天才論を示しているから、という理由もある）。

彼らの少年期は、特異な生育環境や特異な認知の性質によって、そして多くの場合はその両方によって非常に孤独なものとなった。そのいきさつをたどり、それが彼らの天才にどのようにつながっているのかを明らかにしていくのがこの本の内容である。しかし、通常では手に入りにくい資料を発掘し、新事実にもとづいて叙述しているわけではない。本書で用いた資料は日本国内で簡単に手に入るものばかりである。しかし、そうして集めた人生を並べてみると、多くの共通点が見つかり、天才の共通構造のようなものが見えてくる。それをここで明らかにしておきたいと思ったのである。

ところで、なぜ私は天才の人生を探るようになったのか？　それは、次のような二つの理由による。

その第一は、天才とは凡人には窺い知ることのできない高みにいる人々であるというよくある考えを撤回してほしかったからである。天才が偉業を達成できたのは結局、天才だったから、と見なされてしまうことが多い。しかし、天才も私たちと同じ人間である。その同じ人間が、ある条件のもとで成長すると天才になると考えたからである。そして、この条件について、ある程度説明できるようになったと思ったからである。また、天才をこのように捉えることによって、私たちは、その人生を共感をもって見つめ、そこから多くを学びとることができる。

そして、第二の理由は、私がこの四十年ほどのあいだ、自閉症の研究をしてきたことに関係している。自閉症の人は、人間の認知の様々な有りようを見せてくれる。彼らの中には、複雑な計算の解を一瞬にして出したり、何十年も前の日付を聞いただけでその曜日を当てたりすることができる、サヴァン症候群と呼ばれる人々がいる。また、これと関連して、才能ある人々の周辺に自閉症の親族が存在したり、さらには、天才とされる本人が幼児期に自閉症を疑わせる症状を示していた場合があったりする（アインシュタインがこれに相当する）。また、視点を広げて、発達障害という観点から見ると、天才の中にはＡＤＨＤ（注意欠陥多動性障害）だったと考えられる者がおり、エジソンはその代表例である。

以上の事柄は、発達障害の人やその家族を勇気づける事実なので、近年よく書物で取り上げられるようになっている。しかし、なぜ、発達障害が天才に関係しているのか、という理由はほとんど書かれていない。また、発達障害であれば天才になることができるのかというと、決してそのようなことはない。しかし、そこにある認知の特性が天才の発生に関係しているのである。

私は自閉症についてだけでなく、発達心理学についての研究者でもある。だから、人の心はどのように発達するのか、というテーマの延長に、天才はどのように生じるのか、という疑問をもっている。その私が天才という問題を取り上げることにしたのは、そこに少年期の孤独と発達障害に関連する認知の特性が絡んでくると考えたからである。だから、この本は天才の発達心理学を目指すものであり、ダ・ヴィンチから始まる六人の天才についての叙述はそのケーススタディである、と考えることもできる。

天才についての議論よりは、天才たちの人生をまずのぞいてみたいという読者は、1章を飛ばして2章に進んだ方がいいかもしれない。しかし、六つの人生には多くの共通点がひそんでいる。それを捉える視点として、1章と最終章である8章を参考にしていただければ幸いである。

＊なお、通常の西洋の伝記では、たとえばアインシュタインのことを「アルベルト」と、姓でなく名で呼ぶのが一般である。しかし、日本人にとっては、西洋の人々をその幼少期についても姓で表す方がわかりやすいので、この方式をとることにした。また、六人の天才の伝記的な部分に関しては多くの資料を参考にしている。それらは、巻末の参考・引用文献のところに章ごとにまとめて示してあるので参照願いたい。ただし、人生のひとつひとつの事実について出典を示すと読みづらくなるので、それは引用箇所に限ることにした。

目次

8章 天才と現代…………183

あとがき…………209

装幀　臼井新太郎
装画　ヤギワタル

1章
天才と孤独

天才のライフステージ

「はじめに」で述べたように、天才の人生には孤独がつきまとう。では孤独は、彼らの人生のどの時期にどのように関係しているのだろうか？　そこで、天才の人生を次のような三期に分けて考えてみることにする。

第一期　天才的な仕事を始める前の少年期
第二期　天才的な仕事の形成期
第三期　天才的な仕事が世に認められてから

このうち、天才の孤独というと人々が思いつくのは、第二の天才的な仕事の形成期に見られるものだろう。この時期、天才は、周囲の人々が思いつかないようなアイディアを密かに温め、成長させていく。それには、徹底した自己内討論が必要であり、周囲の人々との交流は雑音になる。

そして、第三期になると、事態は急変する。それまで独占されていたアイディアは公開され、人々と共有されるものになる。孤独だった人生が急ににぎやかになるのである。天才にとって、この時期の過ごし方はむずかしいものになる。アイディアを浸透させるためには人々を迎え入れなければならない。しかし、さらにそれを発展させるためには、非共有の世界を生み出す孤独な作業を継続させる必要がある。

このように、天才の仕事は、共有と非共有のあいだで揺れている。一方、通常の人の心は共有世界に強く依存している。その心の用い方は天才の場合より楽である。なぜなら、わからないことについては共有の知識や記憶に問い合わせればいいからである。

天才のように、答えになかなか届かない問いを出し続け、わずかな手ごたえを頼りに探り続けるためには、それ相応の心の癖のようなものができていなければならない。それが形づくられるのが第一期の、天才的な仕事を始める前の孤独な少年期だと思うのである。だから、天才となるために最も重要なのは、この時期である。もちろん、人は一人では生きていけない。天才といえども、周囲の人々に支えられて育つ。しかし、その独自の思考方法を形づくるには、人々からの影響を受けにくい孤独な場所が必要だったと思うのである。

共有と非共有のあいだ

以上述べてきたように、天才になるためには、ほどほどの、人々との共有生活と非共有の思考生活の併存が必要である。では、その兼ね合いはどのようなものとなるのだろうか？　これについて考えるには、通常の人の心の育ちと天才のそれとを比較してみることが必要である。

　そこでまず確認しておかなければならないことは、天才も通常人と文化を共有しているということである。天才といえどもゼロから文化を創造することはできない。先人が築いた文化を周囲の大人を通して吸収し、やがて、そこに自ら創造したものを付け加え、文化自体を改変する、というプロセスをたどる。その際、文化の受け取りと引き渡しには人々との共有物である言語が用いられる。

　この、言語の獲得には、三項関係にもとづく共同注意の成り立ちが必要であると発達心理学では考えられている。共同注意とは、図1に表したように、子どもと大人が同一の対象に注意を向けることによって成り立つ。また、この場の成立には、子ども・大人・対象という三項が必要なので、その形を三項関係と呼ぶ（トマセロ　二〇〇六など）。

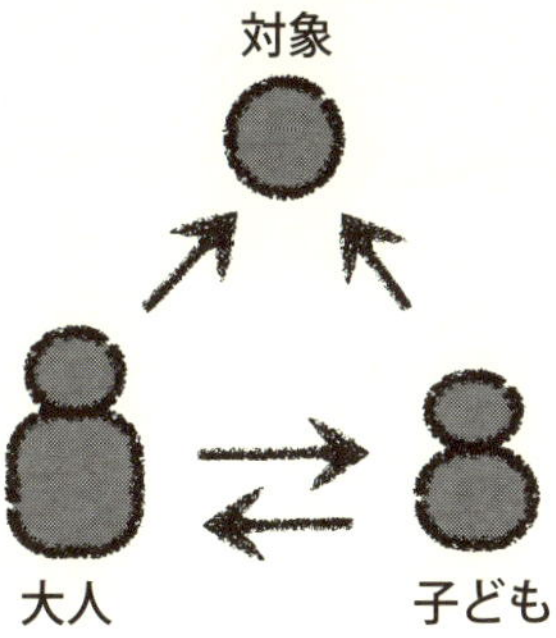

図1　共同注意の成り立ち

　共同注意は、最初、対象への注視や指さしや対象物の受け渡しの形で表れるが、やがて言語による指示という形に発展する。そして、指示対象は、物から出来事へ、さらには概念へと発展していくのである。

　天才も、人としての文化的土台を形成しておくには、

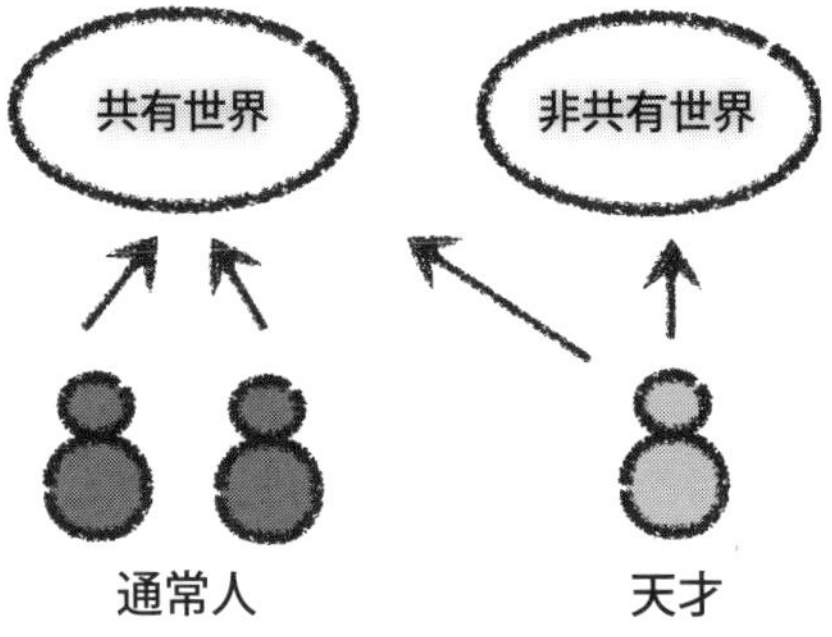

図2　天才と非共有世界の位置

以上のようにして、共有世界を拡大しておくことが必要である。しかし、これだけでは天才は成立しない。共有世界の外側に非共有の世界を打ち立てることが必要である。その形を三項関係の発展形として表してみると、図2のようになると考えられる。天才は通常人とともに共有の世界に係わりつつ、その外に独自世界を形づくることになる。しかし、その世界の存在は、時が来るまで通常人に知られることがない。

だが、もし、この非共有世界がそのまま他の人に知られることがなかったら、天才の業績は顧みられず、天才は幻の天才で終わるだろう。しかし、そうではなく、天才が天才として認められるためには、図3に表したように、通常人も天才が発見した新世界に気づく時が来なくてはならない。また、天才も共有の言語を用いて人々に新世界の存在を示していかなければならない。こうして、新世界を組み込んだ新たな共有世界が打ち立てられるようになるのであ

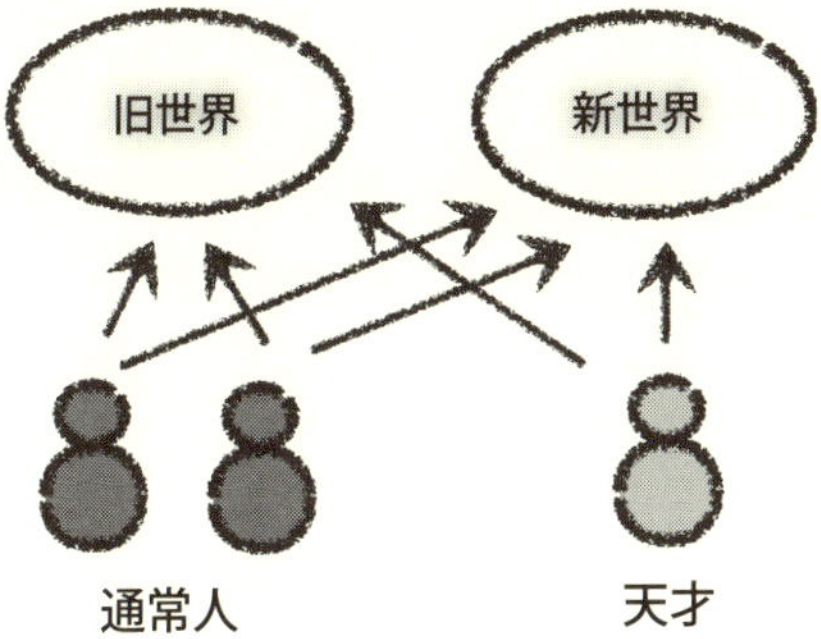

図３　天才が認められてから

る。

孤独な境遇と非共有世界の拡大

このように、人の育ちには共有世界を一緒に築いてくれる大人の存在が必要である。子どもは大人から言語という贈り物を授かるだけでなく、大人の視点を借りて外部世界を知り、そこへの手の伸ばし方を学んでいく。そこには底知れぬ安心感と依存心があるはずである。

ところが、このように寄り添う大人を十分に確保できなかった場合にはどのようなことになるか？――子どもは、独力で世界の捉え方を学んでいくことが多くなる。

この本で紹介する、ダ・ヴィンチ、ニュートン、夏目漱石は、両親からの愛を受けることができなかった人々である。しかし、そのことが、やがて、彼らの独自の世界観を生み出した、と考えられる。身近に外部世界への係わり方を教えてくれる大人を見出せなかった彼らは、自己流の方法を見つけていくことになる。少年期にはぐくまれた、この心の癖が、やがて彼らの創造性につながっていった、と考えられるのである。

彼らは、孤立無援ともいえるような状況の中で築いた非共有世界の方へ人々の共有世界を取り込んでしまうような仕事をした人たちである。しかし、それは、普通なら、単なる独りよがりか個人的な夢想に終わるようなものである。それを既存の世界に対抗できるものにすることができたのは、そこに固有の心の成長があったためと考えられる。また、孤独な戦いとはいっても、完全な孤独の中では人は成長できるものではない。しかるべき時にしかるべき支援者が現れていたはずである。

ただし、その詳しい経過は、2章以下の、個別の生い立ちの中で述べていくことにしたい。

自閉症と共同注意の障害

ところで、以上のような孤独な境遇のもとで育たなくても、非共有の世界を中心にして生きる人々がいる。それが自閉症者である。この場合は、共有世界と非共有世界の交流は乏しいものとなる。

自閉症は、一九四三年に米国の児童精神科医、レオ・カナーによって初めて報告された障害であり、社会性の障害、言語発達の障害、反復的・固執的行動の現れによって特徴づけられる

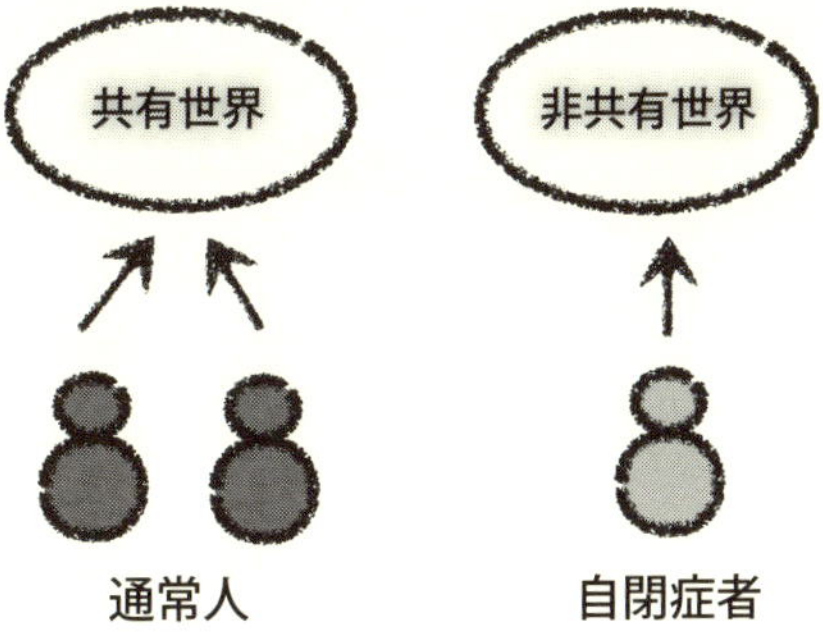

図4　自閉症者に見られる状況

（ただし、現在は、これらの障害のうち、言語発達に遅れが現れない、アスペルガー症候群も含んで、その全体を「自閉症スペクトラム」と呼ぶ）。自閉症は様々な症状を示すが、近年、その根源に共同注意の障害があると考えられるようになっている。自閉症の子どもは、大人が呈示するオモチャや教材に注目しにくく、また共有すべき場から離れてしまうことが多い。

その関係性を、先の、天才と通常人の場合にならって図示してみると、図4のようになる。天才の場合は、非共有世界を築きながらも、共有世界の方もチェックしている。これに対して自閉症者の場合は、共有世界から断絶していることが多い。

自閉症者は非常に優れた認知世界を作ることがある。その一例が「はじめに」でも述べたカレンダー記憶の場合である。彼らが何十年も前の日付を聞いただけで曜日を当てることができるのは、曜日を決定するルールがあるからである（熊谷　一九九三）。たとえば、ある年の一月一日が月曜日だったとする。すると、翌年の一月一日は火曜である可能性が大きい。というのは、一年の三六五日を一週間の七で割ると一余るからである。だから、ある一年のカレンダーを完全に記憶しておけば、そこからのズレで曜日を決定できる。うるう年の場合は、二月二九日が加わるので、そこから先はもう一つ曜日を先に進めればいい。

自閉症者のカレンダー記憶が驚嘆に値するのは、このようなしくみを彼らがそれぞれ単独で発見したということである。しかし、彼らは、カレンダーのしくみを私たちにことばでていねいに説明してくれることはない。また、このようなしくみを発見する能力によって社会に貢献しようとは考えていない。また、カレンダーのしくみ自体は自閉症者が創造したものではなく先人があらかじめ設計したものなので、新発見とはいえない。それは人々が共有するしくみであり、いまでは携帯電話の中に組み込まれているものである。

このように、自閉症者が単独で構築するデータベースは、社会の中のデータベースにすでに組み込まれていることが多い。だから、新規の発明・発見とはなりにくいのである。一方、歴史上の天才たちは、自分の発明・発見が社会のデータベースにまだないものであることを知っている。すでにあるものとないものに注目しながら仕事を進めている。

このような違いはあるが、未知の世界のしくみを単独で発見してしまう、という点で、両者の心の働きは似ているのである。

アスペルガー症候群とＡＤＨＤ

以上述べてきたように、天才と自閉症のあいだには類似性もあるが相違もある。天才は人々との共有世界に安住せず、非共有世界を構築する。しかし、自閉症者のようには共有世界を無視していない。では、天才とは、認知の変異の中のどこに位置しているのだろうか？

実は、自閉症者よりは通常人寄りだが、基本的な特性が自閉症者と共通している人々がいる。それがアスペルガー症候群とＡＤＨＤの人々である。

アスペルガー症候群という名は、レオ・カナーが初めて自閉症の症例を報告した一九四三年の翌年に、同様の症例を報告した、ハンス・アスペルガーの名にちなみ付けられたものである。アスペルガーが示した症例は、カナーによる場合よりも症状の幅が広く、言語発達に遅れが見られない者も含まれていた。そこで、自閉症の様相を呈するが言語発達に顕著な遅れがない症例をアスペルガー症候群と呼ぶようになったのである。

ここで、共同注意以後の心の発達を跡づけてみると、子どもは次第に、周囲にある人や物の存在だけでなく、それらについての思いを他の人と共有するようになる。たとえば、目の前に、初めて見る物や人が現れたとする。すると、子どもは、それに向かう大人の態度を見て、それが警戒すべきものか、好ましいものか、などを判断するようになるのである（社会的参照と呼ばれる）。大人は、周囲の物や人についての知識や扱い方をよく知っている。だから、子どもが大人に助けを求め、教えを受け、大人を模倣するのは当然の成り行きのように見える。

しかし、アスペルガー症候群の子どもはそうはならないのである。他者と共にいることを好まず、自己流に外部と係わろうとする。だから、その係わり方は大人による調整を受けないため幅の狭いものとなりやすく、「こだわり」と見なされるようになるのである。

言語発達に遅れを示すタイプの自閉症とアスペルガー症候群は、第一に、社会性の発達に遅れが見られるという点と、第二にこだわりがあるという点で共通している。そこで、DSM-5という、最新の診断基準では「自閉症スペクトラム」という名のもとにくくられることになった（米国精神医学会　二〇一四）。

常識・ルールを生む「心の理論」

自閉症スペクトラムの人がかかえる、もうひとつの大きな問題は、人の心を読もうとしない、という問題である。通常、人は、他者の行動を模倣し、自他の行動を比較するうちに、自己と他者は異なる心をもつことに気づくようになる。私とあなたでは、見ている範囲も違うし、記憶内容も違うし、やろうとしていることも違う。つまり、それぞれの心の内容が異なるのであ

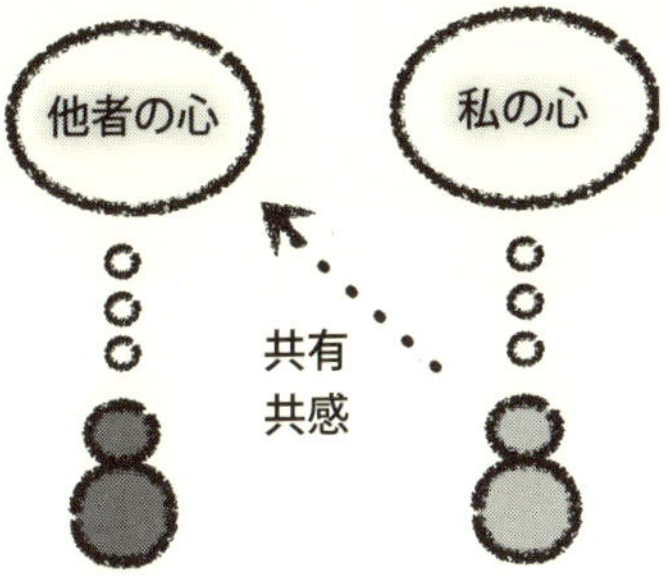

図5　他者の心についての気づき

る（図5）。この違いを考慮に入れて他者の心の状態を推察する能力のことを「心の理論」という。他者の心を想像できるからこそ、その範囲外のところに秘密をもつようになり、嘘も生まれる。また、同情心や物語の主人公への感情移入なども生まれるのである。

この「心の理論」は、各種の実験結果から、通常、四〜五歳で現れることが明らかになっている。そして、バロン＝コーエンらの研究によって同時に明らかになったのは、自閉症スペクトラムの人は、この能力が非常に形成されにくいことだった（バロン＝コーエン　一九九七など）。知的能力全般については四〜五歳をはるかに越えているのに、「心の理論」に関する部分だけが落ち込んでいるのである。

自閉症やアスペルガー症候群の人に育ちにくい共同注意と「心の理論」は、共に、人と人の認知の共有部分を作るものである。これがあるからこそ、常識やルールが生まれるのである。

ところで、2章以降の天才たちの物語の中にあるように、天才の行動には非常識なところやルール違反なところがある。しかし、そのことによって新しい常識やルールを作るような仕事ができたのである。彼らは、回りからの期待や評判を無視して、我が道を突き進んでいる。そのため、天才といわれる人々の多くがアスペルガー症候群だったと考える著述家は多い。たとえば、イアン・ジェイムズは、本書で取り上げるニュートン、アインシュタインに加え、ミケランジェロ、ゴッホ、ラッセル、ウィトゲンシュタイン、チューリングなど、各分野の天才たちをその中に含めて紹介している（ジェイムズ　二〇〇七）。

ただし、これらの歴史上の天才たちが本当にアスペルガー症候群だったかどうかは、もはや厳密にはわからないことである。また、もし彼らに「心の理論」が完全に欠けていたら、時代が求めるものを察知し、それに応えることができなかっただろう。多くの診断項目を並べて、彼らをアスペルガー症候群の中に入れるか外に出すかを判定することはたいした意味をもたない。ただ、彼らがアスペルガー症候群の近辺にいたということこそ重要なのである。彼らの行動は常識外れであることが多かったが、常識を完全に忘れていたわけではない。むしろ、それに立ち向かい、常識を改変しようとしたのである。

天才の位置

では、天才とは、どのようなところに位置する人々と考えたらいいのだろうか？　これについて考えるために、アスペルガー症候群よりもさらに通常人寄りであると考えられるADHD（注意欠陥多動性障害）の人について触れておきたい。

自閉症スペクトラムの発生が人口の1パーセントほどであるのに対してADHDの発生は5パーセントほどであるといわれており、よく現れやすい症状である。ADHDには、不注意・多動・衝動性の三つの症状があり、このうちいずれかが目立つ場合もあれば、すべてが表に現れる場合もある。ADHDの子どもは授業への参加が困難であり、集中力を欠くことが問題となっている。しかし、集中力全般を欠いているかというとそうではない。自分が興味をもつ事柄への集中は非常に強いのである。

不注意・多動・衝動性は、自閉症スペクトラムの人にも見られるものである。しかし、この場合は、自分の行動が周囲が求めるものから外れていることについての自覚がほとんどない。これに対して、ADHDの人は、周囲と合わせておかなければ、という自覚はあるのだが、しばしばそれができなくなってしまうのである。

ADHDや自閉症スペクトラムの人は、好きなことをやりだすと止められない、という特性をもっている。4章で取り上げるエジソンは、ADHDだったと考えられており、仕事に熱中

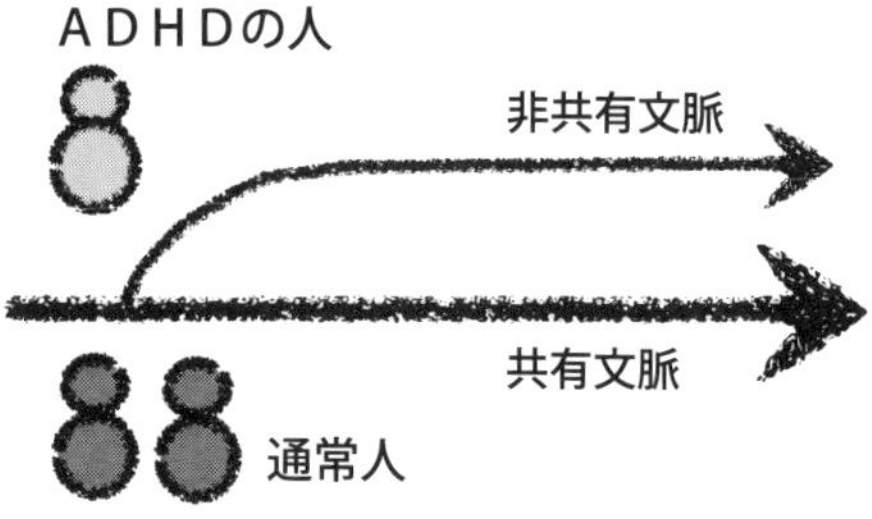

図６　ADHD の人の共有文脈からのズレ

すると食事も睡眠も忘れてしまったことで有名である。だが、この特性は、一定のカリキュラムにもとづいて授業を進める学校という場とは衝突する。エジソンは、わずか三か月で小学校を退学している。

つまり、ＡＤＨＤでは、自身の中から発する活動の文脈と社会が人々に求める共有の文脈のあいだでズレが生じやすい。通常人は社会が用意する共有の文脈の中で生きるが、ＡＤＨＤの人は非共有の文脈の中で生きることになりやすい（図６）。

だが、これは、先に述べた、天才が非共有の世界の中で仕事を進める関係（図２）に一致する。つまり、天才的な仕事を生み出しやすい状況といえるのである。ＡＤＨＤだったと考えられる歴史上の天才は多く、本書で取り上げる、ダ・ヴィンチやジョブズもＡＤＨＤの傾向をもっていたと考えられている。

ところで、ここでもうひとつ述べておかなければならないことは、自閉症スペクトラムとＡＤＨＤの境界は明瞭でなく、重複して診断を受ける人が多いということである。また、同一家族の中に自閉症スペクトラムの人とＡＤＨＤの人が含まれることも多い。つまり、自閉症スペクトラムとＡＤＨＤも連続体（スペクトラム）を成していると考えられるのである。そしてさらに、ＡＤＨＤの人と通常人のあいだを見ても、その境目は明確でない。つまり、連続体を成しているのである。

そこで、この連続的な変化を、共有世界とのズレの大きさという軸と人口比という軸で表してみると、図７のようになると考えられる。自閉症スペクトラムの人のズレが最も大きく、また、人口比も小さい。ＡＤＨＤの人がそれに続き、また、通常人の中にも、それに近いところに位置する人々がいる。そして、天才とは、共有世界よりは自分が生み出す非共有世界に重きを置く人々だから、図中のグレーで示した部分に位置する人々であると考えられるのである。

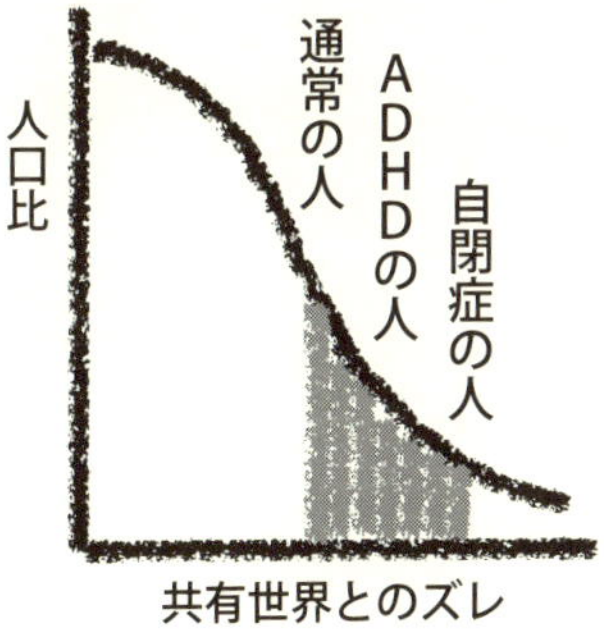

図７　天才が生じやすい領域

ただし、天才は、非共有世界で生みだした成果を共有世界へ返していくことになる。そのためには、人々が何を求めているかを知ることも必要である。だから、彼らは非共有世界に止まることなく、共有世界とのズレを小さくしていく努力をしていたと考えられるのである。

天才と男性脳

ところで、自閉症スペクトラムは男性が占める割合が大きい。男女比は3対1から4対1のあいだにあると考えられている。その原因はまだ十分に明らかとなっていないが、脳の特性が関係している可能性が大きい。近年、男女に脳の違いがあることが明らかになっており、男性の方が自閉症を生み出しやすい脳の特性をもっていると考えられる。これについて興味深い説を出しているのは、先の「心の理論」のところでも触れたバロン＝コーエンである（バロン＝コーエン　二〇〇五）。

バロン＝コーエンは、女性の脳は共感する傾向が高く、男性の脳はシステムを求める傾向が高い、と考えた。そして、自閉症者の脳は、女性脳の特性が乏しく、男性脳の特性を大きくした、極端な男性脳であると考えたのである。彼は、多くの質問項目から成るテストを作り、共感指数とシステム化指数が出るようにした。このテストを男性と女性に適用した結果にもとづいて作られたモデルを示すと、図8のようになる。

共感性の強さとシステム志向の強さに関して、男性と女性の人数分布を表してみたものである。男性にも共感性が強い者がおり、女性にもシステム志向が強い者がいる。しかし、平均的には、女性は共感性が強い傾向があり、男性はシステム志向が強い傾向があるのである。ただ、一方の特性が非常に強くても、他方の特性も備えていれば大きな問題は生じにくい。しかし、

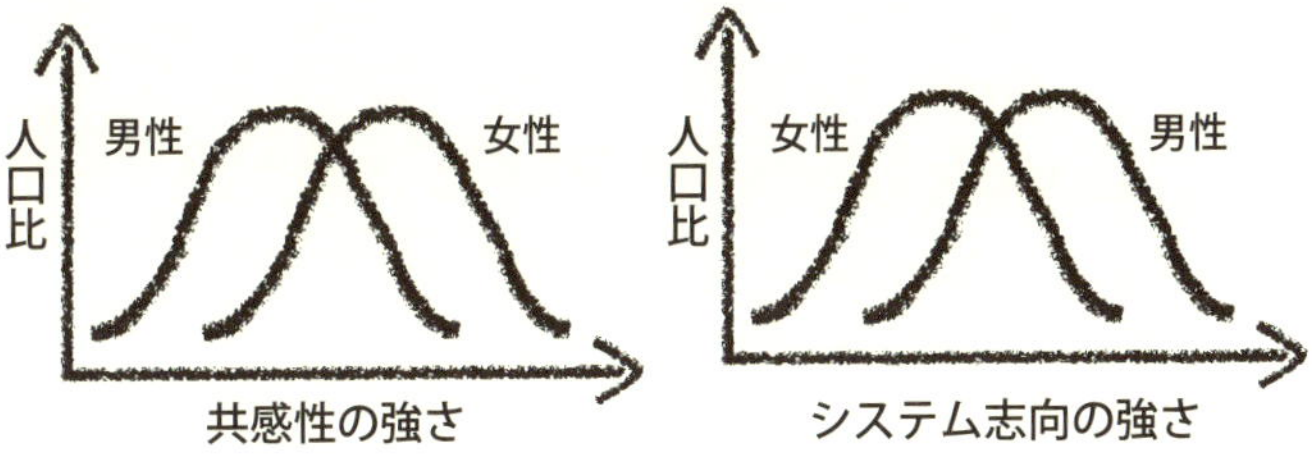

図8　共感性とシステム志向の男女差

このバランスがくずれると障害となって現れると考えられるのである。

天才とは、人々にまだ知られていない世界のしくみを発見した人々である。それは、まさに、システムを求める心がなせる技である。天才も、男性脳の特性が強い人々だったと考えられるのである。

感覚過敏と初期の脳

以上述べてきたような男女の脳の違いは、性ホルモンの働きによって生じると考えられている。女性脳ではオキシトシンやエストロゲンなどの女性ホルモンが強く作用し、共感性を高める働きをする。一方、男性脳ではテストステロンという男性ホルモンの作用が大きく、対象を支配し、仕組みを明らかにしようとする傾向が強まる。同時に共感性は弱まり、人々から離れやすくなるのである。

ただし、これは天才を生み出すための条件は作るが、十分なものではない。そこで浮かび上がってくるのが感覚過敏という、もうひとつの特質である。

自閉症やＡＤＨＤの人々は感覚の過敏性をもつ場合が多いことが最近になってわかってきた。感覚というものは個人のうちにあるものなので、他の人には捉えにくいものである。しかし、一九九〇年以降、多くの自閉症の当事者が自伝を著すようになり、その中で感覚過敏の存在が認められるようになったのである（ウィリアムズ　二〇〇一など）。

感覚の過敏は、視覚、聴覚、触覚、味覚、嗅覚という五感すべてに現れ、さらに筋肉感覚などの内部感覚にも現れるものである。ただ、どの感覚に現れるかは人によって異なり、また、ある感覚に敏感だと別の感覚には鈍感である場合が多い。

たとえば、触覚については肩に軽く触れられただけで痛いと感じる人々がいる。また、服のタグが首筋に当たるのがいやで、すべて切り取ってしまう人々がいる。ちなみに、アインシュタインは靴下をはかず、シャツのそでぐちを切り取っていたそうだが、感覚過敏によるものだった可能性が大きい。

感覚過敏のそのほかの例としては、音の響きや照明などが気になり、体育館や劇場に入れない子どもたちがいる。また、商品が発するおびただしい視覚刺激や騒音のためにスーパーマーケットに入れない人々がいる。たとえば自閉症の当事者であるドナ・ウィリアムズは、このような場所に入るときは常にサングラスとヘッドホーンを付けるようにしていた。

感覚過敏の問題が重要なのは、それがいま現在、外部から入ってくる感覚に関係しているだけではないということである。図9に表したように、感覚は記憶され、また、そこから感覚イメージが生まれることが多い。このような感覚のシステムは、想像世界を豊かにする一方で、不快な感覚や体験を心のうちに残し、さらに予期不安を生み出すことも多い。すると、それらに捕らわれ、物事の全体的な関係を見失うのである。また、他の人と異なる感覚世界を生きるということは、世界を他の人と共有しにくいことになり、自閉症などの症状を強める働きをすることになるのである。

しかし、一方で、感覚過敏は絵画や音楽の才能に結びつくことが多い。たとえば、英国在住の自閉症者、スティーブン・ウィルシャーは、風景を数分間眺めるだけで、その映像を完全に記憶し、後にそれを描くことができた。また、作家の大江健三郎の長男、大江光は六歳までことばを話すことができなかったが、音楽を聴くと、その音を完全に覚え、音符にして書き表すことができるようになった。彼はその能力を発展させて作曲するまでになったのである。

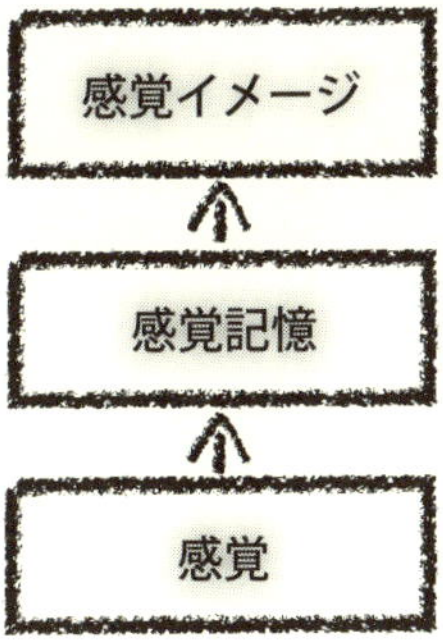

図9　感覚の階層

このように、感覚過敏はプラスに働くこともマイナスに働くこともあるが、同時に天才に結びつくこともある、と考えられる。というのは、天才とは、人が目に留めないような物事の印象をずっと記憶の引き出しにしまい続け、やがてそれを大きなアイディアに結びつけていくような仕事をする人々だからである。そこには、一人、頭の中で繰り広げる思考実験なども含まれる。このようなことが可能となるには、過敏ともいえる感覚とそれにもとづくイメージ力が必要だと思うからである。また、天才たちが孤独を求めたのは、彼らの過敏な感覚が不要な刺激にさらされるのを回避するためでもあったと考えられるのである。

以上述べてきたように、システム志向の特性や感覚過敏は天才を生みだす可能性をもつものだが、同時に、他との調整を欠くと自閉症などの障害として表れる可能性がある。つまり、天才とは際どい均衡の上に成り立っているといえるだろう。

ところで、これまで述べてきたような、人の心の働きの違いは、どのようにして生じるのだろうか？　その答えは、人の脳に固有の成長過程の中にあると考えられる。

人の脳には一〇〇〇億個もの神経細胞が存在するといわれる。その細胞が神経線維を伸ばし、他の細胞と結びつくことによって神経結合が成立し、人としての様々な能力が生まれる。実は、この神経結合の密度が最も高くなるのは早くも生後八か月頃であることが明らかになってきた。ということは、その後の成長とは、人にとって必要な結合を残し、強化していくという過程なのである（ゴプニックら　二〇〇三など）。

このような過程は「刈り込み」と呼ばれるが、それがどのような基準でおこなわれるかというと、おそらく、その人が生まれ落ちた環境に適応するのに関係するものを残す、という基準によると考えられる。人の脳は様々な環境のもとで生きることに備えているが、一定の環境のもとで育つと、それに合わせて機能が固まっていく。このことは、年齢が増すに従い、新しい言語や技能を身につけにくくなることに表れている。

このように、「刈り込み」は、生後、比較的、早くから始まる。たとえば、幼い子どもは、目にする光景を写真に撮ったように記憶する能力をもつことが多いが（このような形で残るものは直観像と呼ばれる）、たいていは成長と共にこの能力を失うことになる。言語を獲得し、ことばで経験を交流するようになると、映像的に保存された記憶は共有しにくいため、あまり用いられなくなるのである。

しかし、「刈り込み」から逃れて、このような能力が残る場合がある。先に述べたように、自閉症者の中には映像を写真で撮ったように記憶し、絵に描く者がいる。一般に、画家や写真家は、この種の能力を比較的よく残している人々であると考えることができる。また、もうひとつ、「刈り込み」から逃れて残存したと考えられる能力に共感覚といわれるものがある。共感覚とは、たとえば、音を聞いて色を感じるというように、異なる感覚どうしが自動的に結びついてしまうものである。共感覚を有する者の中には特殊な記憶能力をもつ者がおり、このような人はことばや数字を色など他の感覚に結びつけて覚えていくのである（ごく最近、自閉症では、この「刈り込み」が乏しかったことを示すデータが現れている。Belluck 2014）。

以上のように、「刈り込み」とは、人の能力を人々が共有するものへと絞っていく働きを基本としているが、この基本路線から外れて残る結合もある。それは人々と共同生活をする上で邪魔物であることが多いが、人類にとって欠くことのできないものであるということもできる。というのは、人々の生活様式や認識範囲は長い目で見れば固定されたものではなく、変化していくものだからである。この変化を生み出すには、余分なものを感知し、余分な結びつきを発見し、新しいものを作る能力をもつ者の存在が必要である。つまり、「刈り込み」をゆるめ、多様な結合をもつ人々を用意しておく必要がある。その中には、ある種の刺激に過剰に反応する人や誤った結合を生じやすい人もいるだろう。しかし、同時に、新しい視点を見出し、それを発展させていく天才もその中に含まれると考えられるのである。

感覚遮断が創造性を高める

とはいえ、人類にとって未知の領域を生み出すという営みは、もちろん、容易なものではない。人類にとって未知なのだから、その内容を既存の人類から聞き出すわけにはいかない。事象をていねいに観察し、記憶し、アイディアを温めていく必要がある。このような作業を進めていくには、外部からの刺激は邪魔になることが多い。まして社交的な場面は妨害物が多い。次章以降で述べるように、天才には自らを刺激の少ない場所に置こうとする傾向がある。

だが、常識的には、刺激は多ければ多いほど思考力を上げるように思える。刺激が少ないと、脳の活動はストップしてしまいそうである。そのため、親は子に、早くから多くのオモチャを与え、多くの学習の機会を与えようとするのが常である。しかし、まだ安定しない過敏な脳に多量の刺激を与えることは混乱を招き、多くの誤った学習を生み出しかねない。それは「刈り込み」の方向を無秩序なものにしていくだろう。

天才とは、ある領域について、一般人とは異なる、特化された脳を構築した人々である。そのためには、なるべく不要な情報が入らない、無刺激状態ともいえる環境が必要になることもあるだろう。では、本当に無刺激状態に置かれたら、人はどのようなことになるだろうか？

実は一九六〇年前後のアメリカでは、感覚遮断実験というものが盛んに行われていた（ヘッブ一九七五）。この実験では、参加者は視覚・聴覚・触覚などの刺激からできる限り遮断された状態に置かれた。その上で、どのようなことが起きるか、観察されたのである。一連の実験が明らかにしたところによると、このような状態が数時間に及ぶと、参加者の多くは、幻覚や幻聴を体験するようになり、それを現実と区別できなくなる。そして時には、その幻の体験の中で、野球をしたり、ヘリコプターに乗ってしまうことまであったのである。

この感覚遮断実験では、タンク型人工呼吸器を用いるなど、かなり巧妙な方法を用いて遮断効果を高める工夫がなされた。しかし、感覚をゼロに近づけるのはむずかしい。だが、実は、人体は、自然条件の中で、さらに深い感覚遮断状態を体験することがある。それが臨死体験である（立花　一九九四など）。

臨死体験というのは、事故や病気などで死に直面した人が意識を回復したときに語る、不思議なイメージ体験である。三途の川を見た、お花畑を歩いた、魂が肉体から抜け出した、死んだ人に出会った、という一連の共通したパターンがある。

臨死体験をする人の脳は、血流低下による無酸素状態にあるため、外部からの情報を得られないばかりか、脳の活動自体が非常に低下している。にもかかわらず、このような鮮明な映像にもとづく体験をするということは、人が抱くイメージが外部からの刺激の量に必ずしも対応していないことを意味する。むしろ、外からの刺激がなくなることで内からのイメージが溢れ出したといえるのである。

なお、臨死体験のような希有なものでなくても、私たちは日常の中で、外部からの刺激が制限された状態で生じるイメージを体験することがある。それが睡眠時に見る夢である。睡眠脳波の研究によって、人の睡眠というものは、約九十分を単位とする周期が繰り返されており、各周期は五段階で構成されることがわかっている。第一段階から第四段階にかけて眠りは徐々に深くなり、そしてレム睡眠と呼ばれる最後の段階で眠りは浅くなり、夢を見るのである。また、朝方にはレム睡眠の割合が大きくなるので、夢を見ることが多くなる。

夢は外部からの刺激というタガが外れている分だけ非現実的で荒唐無稽な内容となりやすいが、一方で、直接的な刺激を受けないために内からの洞察の現れとなることもある。そのため、古来より、夢のお告げが語られたり、深層心理学の題材になってきたりした。そして、ここで注目したいのは、そのようなものの中に、科学的な発見のヒントになるものが多く含まれているということである。

たとえば、中間子の発見によって日本人で初めてノーベル賞を受賞した物理学者、湯川秀樹は、常に枕元にノートを置いていた（湯川　一九六〇）。そこに夢の内容やその後にひらめいたアイディアなどを書き記していたのである。そして、朝、研究室に到着すると、ノートを見ながら、それが科学的発見に値するか計算などをして確かめていたとのことである。

寝床の中というのは、睡眠中でなくても、比較的、外部刺激から遮断された場所である。そのため、科学者のみならず小説家も、そこで着想を得ていることが多い。日本の代表的な推理小説家である松本清張は次のように述べている（松本　一九七四）。

昔から、ものを考えるのには、寝床、風呂場、厠《かわや》と決っている。三つとも人間が孤独になる場所だからであろう。こんなときに、ふいとヒントやアイデアが泛《う》かぶのは、今もあまり変りがないようである。

そして、このあとで、さらに興味深いことばが述べられている。

もっとも、近ごろでは、この三つに限らない。私の場合は、電車の中や散歩に、何となく面白そうな考えが泛かぶことが多い。電車といっても、いつも見馴れているような沿線でないと目移りがしていけないし、多少、退屈な状態でないと思索が働かない。こういう意味では、満員電車の中に挟まれて身動き出来ない状態のほうがいいようだ。

散歩でも、いつも通っている道のほうが思考を凝集させやすいようである。眼は景色や通行人を見ているのだが、何も見えない状態になる。

つまり、わざわざ感覚遮断の実験装置の中に身を置かなくても、日常の中でそれに近い状態を作れるということなのだ。だが、それは、誰でも簡単にできることではないに違いない。孤独の中で、思考が自動走行してしまうような、ある種の心の癖を少年期からもっている人に起こりやすいものではないだろうか。

デフォルト・モード・ネットワーク

ところで、この無刺激状態ともいえる中で生じる心の働きについて、十年ほど前に脳科学の分野で興味深い知見が現れた。それは、レイクルらによって「デフォルト・モード・ネットワーク」と名づけられた脳の働きである（レイクル 二〇一〇など）。

脳科学の世界では、一九七〇年代後半より、PET（陽電子放射断層撮影）やfMRI（機能的磁気共鳴画像）などの装置を用いて、脳内の血流や糖代謝の変化を測定することができるようになった。これらの装置を使って取り組まれてきたのは、主に、計算したり、文章を読んだり、図形を識別したり、というような課題中に脳のどの部分が活性化するか、ということだった。しかし、このような研究の中で無視されてきた活動があった。それは、課題をしていないときの脳の働きである。

実は、脳は、課題をしていないときは完全な休止状態にあるのではなく、課題遂行時以上のエネルギーを使っていることが多い、ということが明らかになったのである。レイクルらが発見したのは、課題遂行中には活動が低下し、それ以外のときに活性化する脳の領域があるということだった。それは内側前頭前皮質や内側頭頂皮質などであり、しかもそれらは同期的に活性化し、ネットワークを作っているらしい、ということだった。レイクルらは、これにデフォルト・モード・ネットワークという名を与えたのである。

「デフォルト」とは、物事を遂行していない状態を意味する。つまり、このネットワークは、何もしない、ぼんやりしているときの脳の状態に関係する。これが興味深いのは、先に述べたように、天才的なアイディアは、当人が特定の活動をしていないときにふと降りてくるものだからである。つまり、何もしていないように見える脳に、実は多量のエネルギーを使う陰の働きがあるなら、アイディアはそこから現れたと考えられるのである。

このネットワークは、一方で、エピソード記憶の保存に関係する海馬という脳領域と連携していることが明らかになってきた。ということは、脳内に蓄積された、果てしない経験の海の中からアイディアは浮かび上がり、発見される、と考えることができるかもしれない。

デフォルト・モード・ネットワークの研究は、まだ始まってまもない。だから、その働きの全容はまだ未解明である。しかし、最近の研究によってこの働きには個人差があり、認知症では低く、統合失調症では高い傾向があることなどがわかってきた。天才もまた、このレベルが高い人々であると考えられる。

同化と調節による心の発達

天才とは、これまで述べてきたように、人々が共有する世界に非共有部分を付け加えた人物である。では、彼らは、どのような過程をたどって、人々の目が届かない世界に手を伸ばすようになったのだろう？　そして、彼らの発達は、どこまでが通常人と共通で、どこからが通常人と異なるのだろうか？

人々が共有する発達過程について初めて明確な輪郭を示したのはスイスの発達心理学者ジャン・ピアジェである（ピアジェ　一九六七）。ピアジェは、心理学を始める前に生物学を専門としていた人物で、発達に生物学で用いられる「同化」という概念を取り入れた。生物は外部から入ってきたものを内部のメカニズムに合った形で取り込む。たとえば、キャベツだけで育ったウサギはキャベツになるのではなくウサギになる。これと同じようなことが認識の発達にも起きていると考えたのである。外部からの光が目に入り、音が耳に届くだけでは認識にならない。それらに形を与える認識の枠組みがあらかじめできていなければならない。この枠組みのことをピアジェはシェマと呼んだ。

ただし、認識は変化し発達する。そこで、ピアジェが同化に加えて用いたのは、同じく生物学的な概念である「調節」である。生物が活動する範囲を広げようとすると、既有のシェマだけではそれに対応できなく

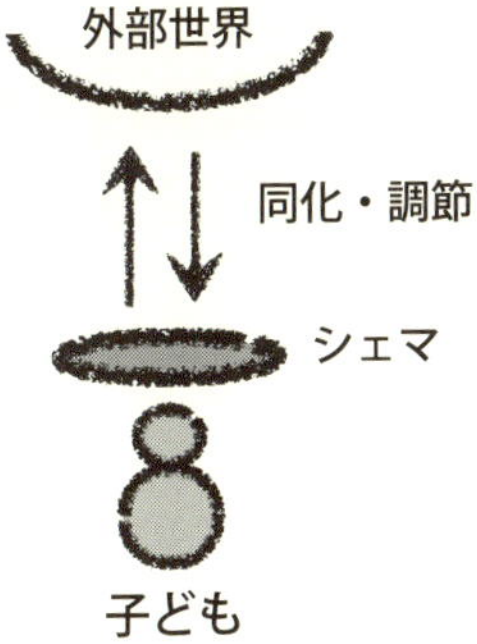

図10　同化・調節によるシェマの高次化

なる。そこで、環境に合わせてシェマの構造を変え、再び安定した状態にもっていく働きをするのが調節である。このようにして、同化と調節を繰り返しながらシェマを高次化していくのが認識発達である、とピアジェは考えたわけである（図10参照）。

以上のような考えにもとづき、ピアジェは人の認識発達を次のような四つの時期によって区分した（カッコ内は、おおよその年齢）。各期はその期に固有のシェマによって特徴づけられ、第四の形式的操作期は大人と共有する認識段階ということになる。

1 感覚運動期（〇～二歳）
2 前操作期（二～六歳）
3 具体的操作期（六～一二歳）
4 形式的操作期（一二歳以後）

第一の感覚運動期では、子どもは感覚にもとづき、直接、身体を使って働きかける、という方法によって外部世界を認識していく。第二の前操作期では言語や概念が芽生え、それを用いて外界を捉えようとするが、まだ感覚にとらわれており、見かけの変化によってその意味は崩壊する。たとえば、一列に並べられた十個のビーズは、列の幅を広げられると多くなったと思い、狭められると少なくなったと思ってしまう。これに対して、具体的操作期になると、この十個のビーズについて、「元に戻せば同じ」というように可逆操作を加えたり、「長くなったけど、すきまだらけ」と複数の視点で捉えたり、「加えたり取ったりしなかったから」と、同一性を認識するようになるのである。ただし、この時期にはまだ、目の前の具体物に対してしか、このような思考操作を用いることはできない。しかし、第四の形式的操作期になると、目の前に物がなくても、論理操作だけで、このような思考をすることができるようになるのである。

つまり、子どもは各段階で固有のシェマを用いて外界を同化するが、それでは捉えきれなくなると、より高次のシェマへと調節がなされる。同化と調節は認識の広い範囲で見られるものだが、それを人に共通する発達段階に当てはめたものといえる。

天才の中にいる「もう一人の自分」

ピアジェが示した発達の時代区分は、いまも広く認められているものだが、その形成過程については批判されるようになった。というのは、ピアジェ理論では、子どもはまるで単独で外界に立ち向かっているかのようだからである（ヴィゴツキー　一九六二など）。しかし、実際には子どもの隣には大人がいる。だから、子どもは外界との関係の中で同化・調節をおこなうだけでなく、大人が使用するシェマとのあいだでも同化・調節をおこなっているはずである（図

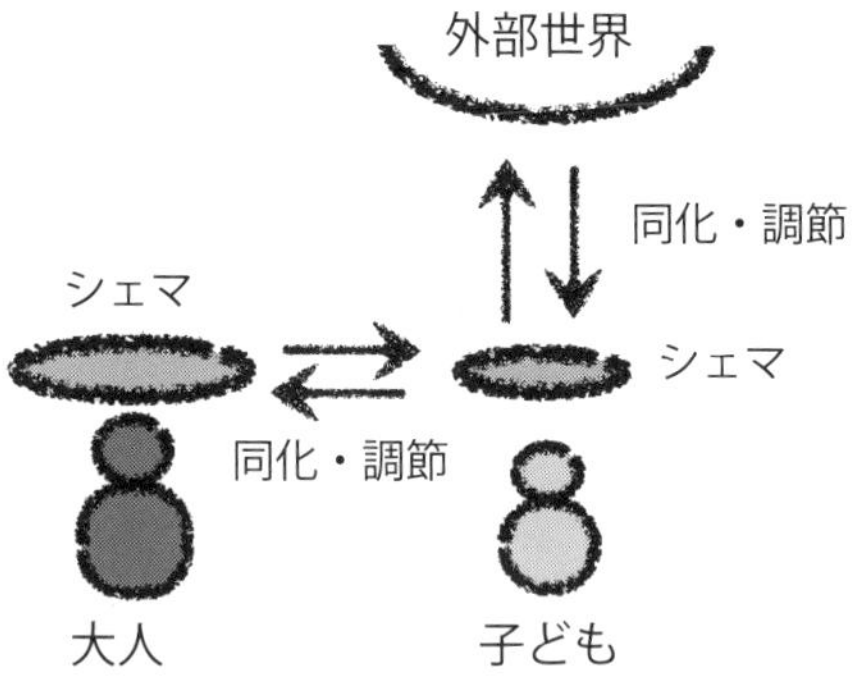

図 11　大人を含んだ同化・調節

11)。子どもは、大人のシェマを借用して外界との交渉に使えそうなものを取り入れる。また、大人は、子どもの成長に合わせてシェマを提供するようになる。こうして、子どもの心は発達していくのである。このような大人の支援が必要なことは、支援を受け入れにくい自閉症児の場合、知的発達の遅れが伴いやすいことに表れている。

ただし、これは通常の発達が完成するまでの過程である。天才となるには、その先を行く必要がある。天才とは、周囲の大人が想定した支援の範囲を超えたところで活動する人たちである。そのため、本書で紹介する天才たちは、書物を通して知識を得たり専門家とのあいだで討論したりしている。そして、その上で、書物や他の専門家の考えをも超越したのである。

そこで、彼らがとったのは、図12に示したよう

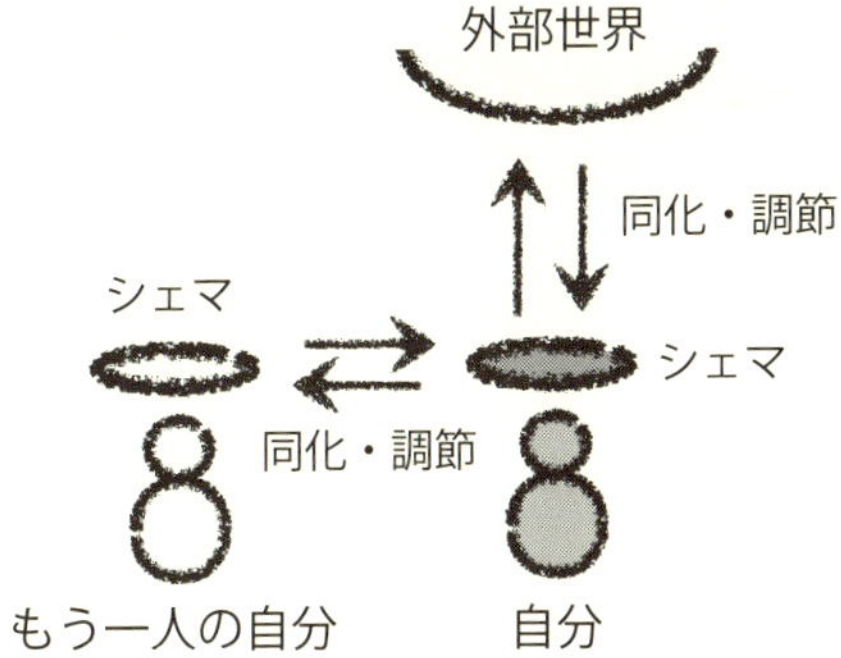

図12　自分の中での同化・調節

な形で自分自身と向き合う方法だったと考えられる。つまり、思考の中で、もう一人の自分を生み出し、自分の中でシェマを次々に提案し、同化・調節の過程を繰り返す方法である。実は、天才と呼ばれる人々のアイディアも、その出発点では意外に素朴なものであることが多い。それを心中で温め、絶えず改変する中で、完成度の高いものに到達したと考えられるのである。

一方、通常人は、このような自己内部での思考の対決を経験することが多くない。というのは、一般に、手強い外部世界に対して未熟な方法を編み出し対応するのは得策ではないからである。それよりは、近隣にいる熟練者に助けてもらったり、その方法をマネした方が確実である。つまり、同化よりは他者の視点による調節が優位であるといえる。

これに対して、天才は、人に頼らず、自己流の方法にこだわる傾向がある。そして、最初はまるで話にならないような方法から始めて、ついに解決への方向を見出すのである。つまり、自分の視点への同化が優位である。この同化・調節の過程は、いちいち他の人に問い合わせることなく、自分の中で次々におこなわれるため、高速であり、高いレベルに到達しやすいと考えられる。

なお、自分の中のイメージが強く、同化の働きが盛んでこだわりを示しやすい、という点では自閉症者の場合も同様である。ただ、天才の場合は、自分のやり方にこだわりつつも、自分の中の討論によって徐々にそれを修正していく。ここに天才と自閉症の分岐点があると考えられる。

ただし、このような仕事ぶりは、天才に限らず、様々な仕事の分野に見られるものである。教科書通りに進むような仕事は少なく、経験の中で方法を発見しなければならないことは多い。そこには、ことばで表せない技能の世界での試行錯誤や、その結果、身につけた勘のようなものもあるだろう。天才とは、このような内部で処理する能力が飛び抜けた人々なのではないだろうか。その背景には、彼らを内部世界の思考へと向かわせた、人生早期からの孤独や認知の特性があったと考えられるのである。

天才の共通特性

以上、天才の少年期と孤独にまつわる様々な問題について述べてきた。そこで、この章を閉じ、次章からの六人の天才の物語に入るにあたり、あらかじめ、天才の人生に共通する特性と思われるものを示しておきたい。この本の目的は、六人の天才の人生をただ眺めることではない。その人生の筋書きの中に共通の構造が含まれているのを確かめることこそ目的である。そのため、まず、天才の共通構造をなすと考えられるいくつかの特性を予想し列挙したあとに、個々の物語に入っていきたいと思う。

第一に、天才たちは、様々な理由により、孤独な少年時代を送る。その孤立無援ともいえる境遇が天才を共有の世界から引き離し、非共有の世界を打ち立てる働きをしたと考えられる。

第二に、彼らに固有の認知の特性が独自世界を生み出す助けをしたと考えられる。それは自閉症スペクトラムやＡＤＨＤにも通じるものだが、彼らはそこから生じたイメージを人々との共有世界を揺り動かすような発明・発見へと発展させた。

第三に、彼らの認知の特性は、ピアジェの理論に当てはめるなら同化が調節より優位なものである。彼らは、人に頼らず物事を捉える枠組みを大胆に作り、そして改良し、そこに世界を取り込んでいったと考えられる。

第四に、彼らの自己流の生き方は学校教育には合いにくいものだったと考えられる。学校教育は基本的に認識の共有部分を生み出すものである。非共有世界を構築しようとする彼らの営みは本来それに合いにくいものである。

第五に、天才の人生には何人かの支援者が現れたと考えられる。というのは、天才の生き方は彼らを人々から遠ざけ、単なる変わり者と見なされる要因を多く含んでいる。しかし、そこに、彼らの能力を発見し、その仕事を世に出す支援者が現れた。そのことによって、天才は天才として成り立ったと考えられる。

第六に、彼らは仕事を進める上で、外側からの視点を多く取り入れたと考えられる。というのは、彼らの発明・発見はすでにある視点の延長として現れたのではないからである。それをがらりと変えるような別の視点に到達したのである。そのためには、既成の捉え方に紛れることのないナイーブな心をもっていることが必要だったと考えられる。

以上は、天才の人生をたどる上で備えておきたい視点である。もちろん、六人の天才は、生きた時代も、取り組んだ仕事も異なる。そこにはそれぞれ、他には代えがたい人生の物語がある。しかし、同時にそこには、天才を天才とする共通の筋書きがひそんでいたと考えられる。その具体例を以下の各章で見ていきたいと思う。

2章

レオナルド・ダ・ヴィンチ

レオナルド・ダ・ヴィンチは、イタリア・ルネッサンスを生きた天才である。彼の才能は、絵画、彫刻、建築、音楽、科学全般、と広範囲に及んだ。しかし、その少年期は、私生児として生まれたために孤独なものとなった。その彼が、どのようにして万能の天才となったのかをたどってみたい。

母との別れ

レオナルド・ダ・ヴィンチは、一四五二年四月一五日、イタリア、トスカーナ地方のヴィンチ村で生まれた。父は公証人のセル・ピエロで、母は農家の娘のカテリーナだった。しかし、両親は家柄の違いのために結婚できず、父はまもなく良家の娘と、母も家柄が見合った別の男性と結婚することになった。その結果、彼は私生児として祖父母のもとで育つことになるのである。

このようなことが起きた背景には、当時のイタリアの結婚事情があった。良家に娘を嫁がせるには高額の持参金が必要だった。しかし、実母カテリーナは、そのような金を出せる家の出ではなかった。また、一方、父セル・ピエロにとっては、公証人としての将来を安定させるには、相応の持参金をもつ妻を迎えることが必要だったのである。そして、父の仕事のほとんどは、花の都、フィレンツェにあったので、息子を故郷の村に残すことになったのである。

少年時代のダ・ヴィンチの運命を決したのは、なんといっても私生児だったということである。当時、公証人になるためには嫡出子であることが必要だった。だから、私生児である彼には生まれたときから公証人への道が閉ざされていたのである。公証人になるためには、四年以上ラテン語を学ぶなどの準備教育を受け、さらにいくつかの条件を満たすことが必要だった。

これに対して彼が実際に受けた教育は、奉公人になるための、簡単な読み書きと計算だけだったといわれる。しかし、父から跡継ぎとしての期待をかけられず捨ておかれたことが、彼を自由の身とし、トスカーナ地方の豊かな自然を相手に日々を過ごすことを可能にしたのである。

自然を友とする日々

子ども時代に、彼はスケッチ帖を携え、野山を歩き回ったといわれる。この時代、このような姿でさ迷う少年の姿は村人の目には奇異なものに映っただろう。しかし、それには構わず、絵の世界に没入できたのは、孤独な境遇に加え、彼が自分の世界に浸りやすい認知の特性をもっていたためと考えられる。彼は、ただ一人で自然観察とスケッチの能力を高めていったのである。

自然を友とする彼の行動は、同年輩の少年たちからは外れた存在だった。しかし、大人たちの中には、彼の才能に注目する者がいた。その一人が十五歳年上の叔父、フランチェスコだった。叔父は兄のセル・ピエロのように公証人となる道を選ばず、領地からの収入だけで暮らす自由人だった。ダ・ヴィンチに野山を歩くことを教えたのも、この叔父だった。そして、彼の絵の才能を最初に発見したのもこの叔父だったと考えられる。その意味で、叔父は、ダ・ヴィンチの前に現れた最初の支援者だったといえるだろう。また、この叔父の財産は、後年、ダ・

ヴィンチに与えられることになったのである。

ところで、こうして培われた美術の才能は、少年期から彫刻にも及んでいたようである。ある日、父の知り合いの農夫が木製の盾を携えてやってきた。農夫はダ・ヴィンチの才を伝え聞いて、盾の表面にギリシャ神話に出てくるメドゥーサのような恐ろしい生き物の像を彫ってほしいと頼みにきたのだった。そして、これに応えてダ・ヴィンチが彫り上げたものは、大人たちを驚嘆させるものだった。そこには、バッタ、コオロギ、コウモリ、ヘビなどの様々な部分をつなぎ合わせ、口からは毒液、眼からは火、鼻からは煙を吐き出す怪物が彫り込まれていたのである。

このエピソードに表れているように、ダ・ヴィンチの自然への向き合い方は解剖的なものでもあった。自然の美しさだけでなく、醜さも暴き出し、そのしくみを探ろうとするものだった。後年、画家となったとき、彼が何度も人体の解剖に参加したのも、少年時代のこの経験の続きだったといえるだろう。また、彼が長年月をかけて作成した、数十巻に及ぶ手稿には、雲や波などの動きや鳥が飛翔する過程が非常に詳しく描かれており、自然を解き明かそうとする様子が見られるのである。そして、注目すべきは、この手稿の中に、再三、人や書物から学ぶよりは自然から学べ、と述べられていることである。このように、孤独に自然と向き合うことの意味を見出したのは、この少年時代の経験からだったと考えられる。

ただ、一方で、少年の心には、母と引き離された淋しさがひそんでいたと考えられる。彼は、田舎で暮らす日々の中で時折、母に会いに行ったと伝えられている。そして、後の大作、モナリザの直接のモデルは母でなかったにせよ、そのやわらかな笑みの中には、やはり、母への思いが込められていたと思われるのである。また、婦人像の背景に描かれているのは、彼が少年時代を過ごした村の景色であるといわれている。そのような背景の中に最もよくおさまるのは、やはり母だったのではないだろうか。

母と離されて四十年後、彼が一流の画家として認められたあと、母、カテリーナを迎えたと手稿には記されている。そして、二年後、その葬儀をとりおこなったとのことである。それ以前、彼が母とどのような関係にあったかは、もはや知ることができない。しかし、遠く隔たっていた母に対するこの行為は、母への思いがいかに大きかったかを示すものである。

ヴェロッキオ工房へ

実母から引き離され、父親と共に暮らすことも少ない身の上のダ・ヴィンチだったが、天に助けられたところもあった。というのは、父と義母とのあいだには子どもができず、長いあいだ、彼が唯一の子どもだったのである。父、セル・ピエロに次の子ができたのは、義母が亡くなり、次の妻を迎えたあとであり、そのとき、ダ・ヴィンチは二十四歳で、すでに一人前の職人になっていた。こんなわけで、父、セル・ピエロは活動の拠点を完全にフィレンツェに移したとき、一人息子もそこに住まわせることにした。父は美術の才がある息子を、フィレンツェで最も高い評価を得ていたヴェロッキオ工房へ連れてゆき、そこに弟子入りさせることにしたのである。

工房主のヴェロッキオは、金細工から始めて、絵画、彫刻、建築と、仕事の幅を広げていった人物だった。当時、工房内は、それらに関するあらゆる作業が進められており、まるで工場のようだったといわれている。また、工房に出入りしていたのは、職人や芸術家だけでなく、医師や科学者や哲学者も含まれていた。ダ・ヴィンチは、後に万能の天才として歴史に名を残すことになるが、それに先行して多方面の活動の手本を示し、彼の才能が花開くための基礎を作ったのは師のヴェロッキオだった。この意味で、ヴェロッキオは彼が天才となる上での最大の支援者だったといえるだろう。

ところで、若き日のダ・ヴィンチは、どのような人物として人々の目に映っていたのだろうか？　同僚の話によると、彼は次々に関心の対象を変える移り気な人物だった。「多くのことを学ぼうとして、始めたかと思うとすぐにやめてしまう」とささやかれる存在だった。いまのことばでいえば、ＡＤＨＤ的な人物に見えていたのだろう。

これは、外から見たときのダ・ヴィンチの終生変わらない特徴だった。彼は、万能の天才といわれるように多くの分野に手を出しながら、仕事を完成させることが少なく、生涯でわずかの作品しか残せなかった。しかし、これは移り気だったからではなく、むしろ、ひとつひとつの作品に思いを込め、長い時間をかけたためである。彼は、作品を完成させるまでに非常に多くのデッサンを描いて構想を練った。その間に、関心領域がどんどん広がっていったのである。

あらゆる事柄には、その背景に、それらをつなぐものがある。ダ・ヴィンチには、目の前に現れる諸事象に心奪われる性質と共に、それらをつなぐ糸を感知する能力があったため、関心は芋づる式に多方面に伸びていったと考えられる。彼の活動は医学や物理学にも及び、1章の最後に天才の仕事を特徴づけるものとして挙げた、領域横断的なものになっていったのである。それが、万能の天才を生む素になったといえるだろう。

それから、もうひとつ、ダ・ヴィンチの変人ぶりを表すのは、彼が鏡文字を書いていたことである。鏡文字とは、鏡に映したように左右反転して書かれた文字のことで、文字習得期の子どもや自閉症児などに時折、見られるものである。ただ、ダ・ヴィンチの場合は、文字単位でそれが現れるのではなく、長い文を通常とは逆に右から左へと書き進め、それを構成する文字を鏡文字にしていったのである。これについては、自分の発見を盗み取られないため、など、様々な解釈がなされてきた。しかし、実際には、彼が左利きだったことが関係しており、彼以外の左利きの人々の中にも時に見られた行為だったらしい。左でペンを持ち、右へと書き連ねていくと、まだ乾かないインクの上に手を置くことになる。それを避けて、このような方法を編み出したことが、結果として、人々にとっては謎の文書を生み出したことになる。

ただし、彼は、鏡文字でない通常の文字を書くこともできた。しかし、鏡文字を基本としていたのは、世界を別の視点で見ること、さらには裏側から読みとることを自分自身に課していたため、と考えられる。このことは、彼の認知の特性を表す重要な事実であると思う。つまり、第一に、彼は自己流の方法を編み出し、それにこだわる人だったこと、第二に、人との対話よりは鏡文字を通しておこなわれる自己内部での対話に重きを置いていた、ということが表れている。

師匠との共同制作

工房に入って、ダ・ヴィンチは確実に腕を上げてゆき、ついに、師匠との共同制作の一員に加えられるまでになった。そのひとつに、完成したばかりのフィレンツェ大聖堂の頂に十字架のついた青銅の球を固定する仕事があった。聖堂の頂は地上百メートル以上もあり、また青銅の球は二トン以上もあった。このような条件で球を頂に取りつけるには、かなり高度な工学の知識が必要であり、また、気象についての知識も必要だった。球がついに大聖堂の頂に載ったとき、人々は驚きと歓喜の声を上げたとのことである。

この仕事には、ダ・ヴィンチの幼い頃からの自然観察とその中で身についた能力が発揮されたはずである。また、この仕事を通して、彼の科学への関心はさらに高まったはずである。後に、彼が飛行機やヘリコプターやパラシュートに相当するものの制作に取り組み、そのデザインが手稿の中に残されていたのも、このときの経験が関係していたに違いない。地上百メートルの場所に鳥のように到達できる方法を、彼は、この仕事の最中に考え始めたのではないかと思う。

そして、二十一歳になったとき、ダ・ヴィンチには師匠と共同の重要な仕事が舞い込んできた。それは「キリストの洗礼」という重要なテーマの絵の制作だった。絵の構図は、図13のように、中央にキリスト、右にヨハネ、左に二人の天使というものだった。ダ・ヴィンチは、この中で左側の天使を担当したのである。

ダ・ヴィンチにとっては、才能を発揮する大きなチャンスだったが、天使像はなかなか完成しなかった。天使の髪、体の向き、服や顔などのイメージが定まらなかった。中でも悩み抜いたのは天使の顔だった。彼は天使にふさわしい顔のモデルを求めてフィレンツェの街を連日さまよい歩いたらしい。こうして、絵の中で、左側の天使の部分だけが、描かれないまま取り残されてしまったのである。

そして、ある日、ダ・ヴィンチは、街で遊ぶ少女の顔の中に、とうとうそれを見つけた。彼は連日、少女のもとを訪れ、スケッチを重ね、それをもとに天使像を完成させたのである。

いま「キリストの洗礼」の図版を見てみると、左側の天使の像と絵の他の部分のあいだには大きな違いがあるように見える。背中を向け、体をひねって視線をキリストに向けている構図の巧みさといい、髪や肌や服の描き方の繊細さといい、そこだけが異質な世界を作り上げているのである。

図13　「キリストの洗礼」（ウフィツィ美術館蔵）

これを見て、師匠のヴェロッキオはどう感じたのだろう？　さんざん待たされたあげく、絵の中に他と釣り合わない部分を作られてしまった。しかも、そこが、師匠である自分が描いたところよりずっとうまいときている！　並みの師匠だったら、こんなふうに、面倒で、しかも脅威を与える弟子は排除したくなるのではないだろうか。しかし、ヴェロッキオはそうはしなかった。ダ・ヴィンチの才能を認め、自分自身は絵画から手を引き、彫刻の仕事に打ち込むことにしたのである。ヴェロッキオがこのような行動にでたのは、自分自身の中にダ・ヴィンチと同じようなものをもっていたからだろう。つまり、師匠を追い越してきた経験を。そして、ヴェロッキオには絵画だけにこだわる必要のない活動の広さがあった。そのことが度量の大きな行動をとらせたのだろう。彼は、この点についても、ダ・ヴィンチの人生において最大の支援者だったといえるだろう。

未完の作の数々

ダ・ヴィンチは、ヴェロッキオ工房でさらに腕を上げ、二十七歳で独立することになる。しかし、その後の仕事をたどっていくと、未完の作品が驚くほど多いことに気づかされる。

その第一は、独立の翌年にフィレンツェ政府からヴェッキオ宮殿の祭壇画としてたのまれた「聖ヒエロニムス」である。聖ヒエロニムスとは、荒野で苦行した修道僧で、初めて聖書をラテン語に翻訳した人物である。ダ・ヴィンチは、浮浪者をモデルにするなど、彼特有の思い切った方法をとって絵の制作に打ち込んだが、未完で終わってしまった。いまは、その下絵だけがヴァチカン宮殿に残されている。

次にダ・ヴィンチが取り組んだ大きな仕事は、聖ドナート修道院からたのまれた「東方三博士の礼拝」である。この作品の場合は、二年以内という期間限定で、前金を受け取り、さらに土地の提供まで約束されていた。にもかかわらず、ダ・ヴィンチは期間内に作品を完成させなかった。そればかりでなく、未完のまま活動の場をフィレンツェからミラノへと移してしまうのである。

東方三博士とは、キリストの誕生を予知して東方より訪れてきた博士たちのことである。この作品については、背景も複雑で、人物の配置も入り組んでいるため、多くの習作が残されている。そのひとつひとつが素晴らしいのである。しかし、それにしても、高額の前金を受け取りながら完成させなかったというのは、通常では考えにくい行為である。

このような結果となった原因のひとつには、ダ・ヴィンチの理想の高さがあった。彼は絵を描きながら、同時に絵の技法を開発していた。空気遠近法や人物を描く際のぼかし技法などである。それから、もうひとつ、彼の関心が絵画以外の領域にどんどん広がってしまったという原因もあった。その広い知識を生かせそうなのがミラノ公国だったのである。彼の修業時代は、イタリア全体が落ち着いていて、フィレンツェはメディチ家の支援のもとで芸術の都として栄えた。しかし、次第に、フィレンツェ、ヴェネツィア、ミラノ、ローマなどの小国間で争いが起きるようになった。その中で、兵器製造、道路や治水の工事、都市計画などの知識が必要になってきたのである。彼は、それらすべてができることを示す自薦状を携え、ミラノ公国に赴いたのである。

ミラノの地で彼が取り組んだ最大の芸術的な仕事は、スフォルツァ騎馬像の制作だった。それは、ミラノ公、イル・モーロの父親、フランチェスコ・スフォルツァの功績をたたえるもので、七メートル以上もある青銅の像となる予定だった。しかし、これも、原寸大の粘土像が公開され、人々を驚かせたけれど、完成には至らなかった。一説によると、像に必要な大量の青銅は大砲を作るために費やされてしまったとのことである。また、彼自身、兵器製造や土木の現場に赴くことが多く、像の制作に専念できなかったという事情もある。

ところで、ダ・ヴィンチにとって完成がむずかしかったもうひとつの仕事として壁画制作がある。有名な「最後の晩餐」の壁画は、ダ・ヴィンチにしては珍しく、四年間で完成されたが、ある事情で、完成後すぐに傷み始めてしまった。また、その後、フィレンツェ政庁舎（ヴェッキオ宮殿）の大会議室の壁面に描かれた「アンギアーリの戦い」も、未完成の上に傷みがはなはだしく、いまでは模写が残るのみである。

ダ・ヴィンチの壁画制作が困難を極めたのは、彼の描画技法へのこだわりが関係している。壁画は通例、フレスコ画という技法で描かれる。まず壁面に漆喰を塗り、それが乾かないうちに絵を描き込む。そのため、耐久性が得られるのだが、彼はこの方法を採用しなかった。その理由は、この技法だと、かなりの手早さが求められ、描き直しが許されないからである。彼の描き方は反対に、いつも時間をかけ、修正を繰り返していくものだったのである。彼が用いていた方法は、油彩とテンペラを混合する方法だった。しかし、これだと絵の具が剥がれやすくなるため、彼は新しい技法を開発しようとしていたが、結局、成功しなかったのである。

これとは対照的な仕事をしたのが、ダ・ヴィンチより二、三十年遅れてイタリアに現れたミケランジェロとラファエロである。二人は、いまも鮮やかに色彩が残るフレスコ画の大作を多く完成させている。ミケランジェロの代表作はシスティーナ礼拝堂の「最後の審判」であり、ラファエロの代表作はヴァチカン宮殿の「アテネの学堂」である。

ダ・ヴィンチは約束通りに仕事を完成させることがむずかしい芸術家だったが、ミケランジェロとラファエロは完成させることができる芸術家だった。どちらが仕事を要請するパトロンにとって望ましいかといえば、もちろん後者である。ミケランジェロやラファエロも天才ではあったが、比較的、外部に適応しやすい天才だった。これに対してダ・ヴィンチは、内部からの要請を最優先する天才だったということができるだろう。

手稿の中に残されたメッセージ

ダ・ヴィンチは絵画や彫刻などの作品の他に手稿も残したが、その量は四〇〇〇枚にも及ぶ。

しかし、それでも、残存するのは全体の三分の一ほどにすぎないといわれる。その内容は、遠近法や構図論など芸術に関するものだけでなく、解剖学や力学など科学全般に及ぶ。彼は人々に見える仕事を進めるかたわら、このような見えない仕事を続けていたわけだが、その内容が人々の前に姿を現したのは彼の死後何年もたってからである。

手稿は素描と文字で構成されていて、その中には今日の飛行機やヘリコプターの原理に相当するものまで含まれており、彼の天才ぶりを窺い知ることができる。しかし、ここで注目したいのは、そこに天才の特性にかかわるような記述が見られることである。

手稿は「読者よ」「人間よ」「もし君が……」と、他者に語りかけるような文体で書かれている。けれども、それは、いつも彼のそばに置かれ、人に見せるものではなかった。さらに、その文字は、先に述べたように、他人には読みづらい鏡文字で書かれていた。つまり、自分自身のためのものだったのである。また、文章中には時々、「おまえは……」ということばが見られるが、文脈からそれが彼自身を示すことは明らかである。つまり、彼は、1章後半の図式（図12）に則していえば、もう一人の自分と対話しながら思考を深めていく天才だった。そして、その、もう一人の自分とは、共に自然に向き合う、自然そのもののような自分だった。手稿中には、それを表すことばを複数見出すことができる（ダ・ヴィンチ　一九五四、アータレイ　二〇〇六）。

画家は自然を相手に論争し喧嘩する。

画家は「自然」を師としなければならぬ。

最も聡明で高貴な教師は、自然そのものである。

だが、自然との対話が可能となるためには、孤独の中に身を置かなければならない。孤独な少年時代を送ったダ・ヴィンチは、生涯、孤独を保とうとしたようである。このことについても手稿の中に多くのことばが見出される（ダ・ヴィンチ　一九五四）。

画家は孤独でなくてはならぬ。

もし君がひとりでいるなら、君はすっかり君のものである。たった一人だけの友だちといっしょにいたら、君は半分君のものだ。そして君の不謹慎の度が大きくなればなるほど君の分は少なくなり、より多くの人といっしょに居れば、それだけ深くこういう不都合な状態にはまってゆくだろう。

孤独を避けて安易に対話者を求めれば相手に合わせた世界を共有することになる。ダ・ヴィンチは非共有の自分の世界を築くことにとりわけ熱心だったのである。彼は生涯独身だったが、それも孤独を極めた結果かもしれない。

ダ・ヴィンチは、前章で述べた、孤独の中で思考が発展する時や場所についても触れている。手稿には次のような記述が見られる（ダ・ヴィンチ　一九五四）。

眼がさめたとき、あるいは眠りに就く前に床の中の暗闇で研究することについて――暗闇の床の中にいるとき、以前に研究した形態の表面の線とかその他微妙な観照によって把握された注目すべき物を想像のなかで反復してみることは少からず役に立つものであることをわたし自身体験した。そしてこれはたしかに賞賛すべく、かつ物を記憶の中に牢固たらしめるのに有効な行為である。

ダ・ヴィンチは晩年、フランソワ一世の招きでフランスに赴き、三年後、一五一九年五月二日に、その地で六十七年の生涯を閉じた。フランソワは、彼から多くの知識を吸収し、また後に彼の手稿も出版されることになる。それが、フランスのみならずヨーロッパ諸国のルネッサンスへとつながっていくのである。孤独の中でダ・ヴィンチが創造した非共有の世界は、こうして、後の人々が共有する貴重な財産となっていったといえる。

3章 アイザック・ニュートン

ニュートンは近代物理学の創始者であり、万有引力の法則、光学、微積分学などについての発見をした天才である。しかし、その少年期には驚くべき孤独があった。その孤独が後の人生にどのように受け継がれていったか、また、彼の思考や行動にはどんな特性があったか、を見てゆきたい。

父を亡くして母を奪われる

アイザック・ニュートンはイギリス、リンカンシャー郡のウールスソープ村で一六四二年のクリスマスの夜に生まれた。父は農場主のアイザック（ニュートンと同名）で母はハナだった。ニュートンは生まれたとき、大変な未熟児で、一リットル余りの物を入れる木箱に入るほどだった。とても命はもつまい、と考えられたが、その後、八十四歳に至るまでの人生を送ることになるのである。

ニュートンは、出生時、未熟児である他にも困難を抱えていた。父がその三か月前に死亡していたのである。母は、半年間の結婚生活を送っただけで、生まれたばかりのニュートンを抱える未亡人になった。そして、ニュートンの少年期には、さらにもうひとつの困難があった。三歳になったばかりのとき、母ハナが、隣村の牧師、バーナバス・スミスと再婚したのである。母はニュートンをウールスソープ村に残し、自分の母に養育をまかせることにした。

スミス師は、ハナを妻として迎えたとき、すでに六十三歳になっていた。彼はニュートンが母親に会いに来ることを快く思っていなかった。そして、幼いニュートンに会うと、その父が無学だったことなどをけなすのだった。

ニュートンが育った祖母の家から母が暮らすスミス師の教会までは二キロほどしかなかった

ので、その尖塔は彼の目にときどき入ったはずである。そのとき、彼は計り知れない淋しさを抱いたのではないだろうか。そこには、ニュートンについて著した多くの伝記作家が述べているように、スミス師への憎しみも含まれていたに違いない。

後に、ニュートンが二十歳になった頃、密かに速記体で記述した罪状リストというものが残っている。その中に、「義父と母を殺し、その家を焼いてしまうと脅かしたこと」「誰かが死ねばいいと思ったこと」という部分がある。ニュートンには、生涯、気むずかしく、人間嫌いの様子が見られたというが、そこには幼児期の、この孤立無援の情況が関係していたと考えられる。この時期、義父や母に対して屈折した感情をもっていたこと以外に、彼が何を考えて日々を過ごしていたかは今となってはわからない。ただ、孤独の中でしか起こらない脳内現象を多く体験していたのではないか、と考えられる。それが孤独への耐性を高め、孤独の中で遊ぶことを学習させ、将来の創造力を準備したと思われる。

ニュートンが十歳のとき、スミス師は、ハナとのあいだにできた三人の子どもを残して、この世を去ることになった。彼は遺言の中で、妻と三人の子に財産を与えることを記したが、ニュートンについては触れなかった（そこには、ニュートンがすでに亡父からの遺産を与えられていたという事情も関係していたかもしれない）。その後、ニュートンが受け継いだのは、スミス師が持っていた夥しい数の蔵書である。そのほとんどは神学に関するものだったが、ニュートンが知的世界に近づくのに一役買ったはずである。

こうして母はニュートンのところに戻ってきたが、幼い三人の弟妹を連れてであり、彼は母の愛を独占することができなかった。そして二年後には、一〇キロほど離れたグランサムという町で下宿しながらグラマースクールに通うことになるのである。

物思いにふける内気な少年

グランサムでニュートンは、薬剤師のクラークの家に下宿した。彼はそこでクラークから薬の調合や化学実験の手ほどきを受けた。それは、後に彼がおこなう実験の数々につながる幸運な出来事だったといえる。

このクラーク家には妻の連れ子が三人いた。一人は女の子で二人は男の子だった。そして、ニュートンの遊び友だちは男の子たちではなく女の子の方だったのである。ニュートンはその女の子のことを気に入っていたようで、彼が生涯に一度だけ経験した恋であるとも語り伝えられている。その女の子は、後に結婚し、ヴィンセント夫人となってから、ニュートンのことを次のように回想している（ウェストフォール　一九九三）。

ニュートンはいつも陰気で、口数が少なく、考えこんでいるような少年でした。外で男の子たちと馬鹿らしいことをして遊ぶことはほとんどありませんでした。それより、家の中で女の子と遊びました。よく小さなテーブル、食器棚、赤ちゃんや装身具をのせる家具などを私や他の女の子たちに作ってくれました。

工作は大型で手の込んだものにまで及んだ。ヴィンセント夫人は「車輪の四つついた車も作ってくれました。それに乗ってクランクを回すと、家のまわりのどこへでも行くことができました」と述べている。彼は、このような作品を他の子どもと共同で制作することはなかった。単独で作り、できたものを他の子に与えた。自分の世界の中で創造し、完成させたものを公開するという、このやり方は、後に始まる彼の研究生活にも通じるものである。

ところで、グラマースクールでの彼の学業成績はどのようなものだったか？　天才ニュートンの田舎町の学校での成績はさぞかし飛び抜けたものだったろう、と想像してしまうところだが、実は全くそうではなかった。何かに熱中すると成績は下がり、それが終わるとまた持ち直すということを繰り返していた。あるときは、成績が一番下のクラスに回され、その中でも下の方の順位になった。彼は、そこで、順位がひとつ上の生徒にけとばされるなどのいじめをうけたのである。ニュートンはついに、その生徒に反撃し、勝利をおさめたのだった。この経験がニュートンに自信をもたせたともいわれている。

ニュートンは決して優等生ではなかった。そもそも優等生とは、教師の意図をうまく読み取り、それに合わせる能力が高い生徒といえるだろう。彼は、そういう外部からの要求に合わせるよりは内部からの要求に応えようとする人物だったといえるだろう。

彼が学業に熱心になれなかった理由には、当時のグラマースクールのカリキュラムも関係していた。学校の授業の大半はラテン語の学習で占められていたのである。そもそもグラマースクールという名前自体がラテン語の文法（グラマー）を学ぶところから来ていた。ニュートンにとって単調なラテン語の学習よりも下宿先でおこなう工作の方がはるかに知的好奇心を満たすものだったに違いない。

だが、ラテン語の学習は、後にニュートンの活動を助けることになる。十七世紀のヨーロッパで共通語として用いられていたのはラテン語だった。ニュートンは大学時代にデカルトの著書を多数読むことになるが、それらはフランス語からラテン語に訳されたものだった。また、後のニュートンの大作、『プリンキピア』はラテン語で書かれていたため、フランス、ドイツなどヨーロッパ全域で読まれるようになったのである。

日時計でいっぱいの部屋

ニュートンがグラマースクールの時代に下宿していたクラーク家は、彼にとって非常に幸運な場所だった。というのは、薬剤師のクラークは沢山の蔵書を持っており、その中にニュートンが学校ではほとんど教えてもらえなかった自然科学に関するものが多く含まれていたからである。その中に、ジョン・ベートの『自然と技術の神秘』という本があった。そこには機械のしくみや模型の作り方などが詳しく書かれていたのである。これを読むことによってニュートンの工作の腕前は上がった。彼は本を頼りに風車やランタンなどを作るようになり、周囲の人々を驚かせた。

中でもニュートンの心をとりこにしたのは日時計の制作だった。壁に釘を打ち込み、一時間、三十分、さらには十五分単位の目印を付けていった。彼は影の長さを測ることによって、春分、秋分、夏至、冬至、ついには厳密な日時まで当てることができるようになったのである。

ニュートンの日時計は彼の部屋の中にあふれ、次にはクラーク家の他の部屋や玄関にまで設置されるようになった。この頃、彼は天体の動きと連動しながら日々を送るようになっていた。おそらく、彼にとって、宇宙は自分の日時計の中に集約されていた。それは、後に万有引力の法則を導き出す人物の出発点となる行為だったといえるだろう。

「大学に行くしか能のないやつ」

このように、ニュートンにとってクラーク家は楽園のような場所だった。彼がこのように関心の赴くまま日々を過ごすことができたのは、クラーク家の人々のお陰であり、その家族は天才が生まれる上での支援者の役割を果たしたといえる。

相変わらず、工作に熱中するとニュートンの成績は下がったが、次第に彼の成績は高水準を保てるようになっていった。しかし、十七歳になったとき、彼は故郷のウールスソープに呼び戻されることになる。母は彼に農場の仕事をさせたかったのである。

しかし、ニュートンは農地でも物思いにふけることが多く、全く仕事に身が入らなかった。また、工作への興味は衰えず、様々なタイプの水車を作り、小川に据え付けようとした。そんな中で、いくつかの事件が起きてしまう。ひとつは、羊の番を怠り、羊たちが杭を壊して隣家に侵入するという事件であり、もうひとつは豚をよその小麦畑に入れてしまうという事件だった。おかげで、母親は裁判所の命令により多額の罰金を支払うことになった。

ニュートンは、農場の使用人ともいい関係を作ることができなかった。彼らから仕事の手順を学ぼうとせず、絶えずいざこざを起こした。そんな生活が九か月続いた後、ニュートンは結局、大学の進学を目指してグラマースクールに戻ることになる。そのとき、使用人たちは口々に「あいつは大学に行くしか能のないやつだ」といい合ったとのことである。

ニュートンが学校に戻るように取りはからってくれたのは、母の弟のアイスコフだった。アイスコフはケンブリッジ大学で学んだ経歴の持ち主であり、ニュートンが母と別れていた時代に後見人になってくれていた人物でもあった。また、グラマースクールのストークス校長は、生徒のあいだでは変わり者として遠ざけられていたニュートンの才能を早くから見抜いていた人物で、学校への復帰を歓迎し、彼を自宅に下宿させてくれたのだった。この二人も、ニュートンという天才が作られる上で重要な支援者としての役割を果たしたといえるだろう。

ケンブリッジの孤独な免費生

ニュートンは、十八歳のとき、ケンブリッジのトリニティ・カレッジに入学することになる。最初の身分は準免費生であり、まもなく免費生として正式に入学を許可された。

当時のトリニティ・カレッジの構成は、三人の全学教授、六十人のフェロー（特別研究員兼教授）、六十七人の給費研究生、四人の司祭、二十人の特別自費生、百五十人の一般自費生、十三人の免費生または準免費生というものだった。

免費生とは、聴講料や食事代を軽減される代わりに、フェローの食事を給仕して、その残りを食すると共に、他の構成員からの様々な要求に応えなければならない召使い的な存在だった。つまりニュートンは、三百人余りの構成員の中で最下部に位置する身分だったのである。実は彼は、父親からの遺産を受け継いでいたので自費生になることも可能なはずだったらしい。しかし、そうはならなかった。母親は彼が家を出て学業を続けることを快く思っていなかったのである。

免費生としての生活はニュートンの孤独をさらに深めたと考えられる。当時の学生の風紀は乱れていた。裕福な学生たちは大学周辺の酒場に入り浸り、女郎屋に向かうこともあった。多くの学生にとって大学は、将来のステータスを確保したり聖職者になるための経由地でしかなかった。そのため、彼らは気晴らしのために時を過ごすことが多く、学内の居室も騒々しかった。そんな中、ニュートンは友だちもなく、静かな場所を見つけては思索の世界に逃げ込んでいたと考えられる。

大学のカリキュラムもニュートンにとって魅力のあるものではなかった。ラテン語とギリシア語で書かれた古典を読むことと三段論法にもとづいて形式的な討論をおこなうことが中心だった。また、フェローによるチューター制があったが、ニュートンがそれを活用した形跡はないらしい。彼が最も多くを学んだのは、グラマースクールの時代と同じように書物からだった。彼はそれらに向かいながら詳細なノートをとるようになった。

デカルトとの対決

この読書ノートの対象は、初めのうちは大学の主な教育内容と同じくアリストテレスの書物が中心だった。しかし、対象がアリストテレスからデカルトに移った頃、ノートに大きな変化が生じた。ページには「哲学的疑問」という標題がつけられ、著者と自分の考えを対決させる書き方に変わっていったのである。ページの上端には「原子」「量」「運動」など、問題とする項目の名をまず書き込み、その下に関連する書物の内容、自分の考え、自分がおこなった観察内容などを記述していった。項目は四十五にまで及んだ。

ノートには、後のニュートンを形作る上で不可欠な様々な人物が登場するが、最重要人物はやはりデカルトだった。デカルトというと、いま多くの日本人が思いつくのは「我思うゆえに我あり」という『方法序説』の中のことばくらいである。しかし、ニュートンが読み込んでいったのは、デカルトの自然哲学の部分だった。実は『方法序説』自体がデカルトの自然哲学を展開する上での考え方をあらかじめ示すものだったのである。

ちなみに『方法序説』は、「方法序説および三試論」という題名で一六三七年にフランス語で出版された。ニュートンが生まれる五年前である。そして、「三試論」とは、「屈折光学」「気象学」「幾何学」という三つの論文のことである。『方法序説』以後のものも含めデカルトの著作は、後のニュートンの大発見である、光学、万有引力、微積分学のすべての分野につながるものだった。この時期、ニュートンは、そのラテン語訳を読み進めていたのである。

デカルトの自然哲学は、数学の分野に初めて座標という表し方を取り入れるなど、近代科学を創始する内容を含むものだったが、後の科学から見ると各所に誤りをもつものだった。実験や観察を通して、すでに厳密な科学の方法を身につけていたニュートンは、そこに次々に突っ込みを入れていったのである。

こうしてニュートンは、免費生としての四年間を終えることになる。さらに研究を続けるには給費研究生になる必要があったが、その道はほとんど閉ざされていたらしい。選考は毎年ではなかったし、成績によっておこなわれるとは限らなかった。また、いま述べてきた、ニュートンの学問研究は、大学の成績に直接反映するものではなかったのである。しかし、ニュートンのノートには、この時期、選考に合わせて大学のカリキュラムに沿ったものとなっていった跡があるらしい。

結局、その年、選考はおこなわれ、ニュートンは給費研究生になることができた。この出来事がなければ、ニュートンは研究生活を続けることができず、天才への道は開けなかったかもしれない。そこには、彼が選考されるように後押しする人物がいたとする説もある。それは、ニュートンがグラマースクールの時代に世話になったクラーク夫人の兄弟、バビントンであるともいわれている。バビントンは、当時、カレッジのフェローだったので、ニュートンを強く推薦したのかもしれない。また、ケンブリッジに初めて設けられた自然哲学の教授職に就いたばかりのバローがニュートンの才能を見出していたという説もある。いずれにしても、そこには、ニュートンという天才が現れるための支援者がいたのである。こうして、次なる道に続く扉が開かれた。

故郷の村で着想した三つの発見

大学卒業後、給費研究生となり、向こう四年間の研究生活が保障されたニュートンだったが、この年、ロンドンでペストが大流行し、三万人以上の死者が出ることになる。この災害は近郊のケンブリッジにまで及び、彼は翌年、故郷のウールスソープに避難することになった。そこで、ニュートンにまつわる伝説的な事件が始まるのである。

誰もが知っているその代表例は、木から落ちるリンゴに関するものである。ニュートンはそこから万有引力の法則を導き出したといわれる。地球とリンゴは共に重力をもち、両者は引き合っている。この関係は地球と月とのあいだでも同じであり、また、すべての天体に共通している。

ウールスソープのニュートンの実家の敷地にはいまもリンゴの木が植えられているらしい。だから、彼はやはり、この出来事から啓示を受けたのかもしれない。しかし、このことがニュートンによって語られたのは八十四歳のときだったらしい。彼はリンゴが落ちるのを見る前から重力のことを考え、法則の輪郭を思い描いていたはずである。彼はそこに落下するリンゴを当てはめたと考えるべきだろう。

ニュートンがウールスソープで過ごした一六六五年から翌年までの二年間は「驚異の年」と呼ばれる。その理由は、彼がわずか二年のあいだに、重力だけでなく、光学と数学についても時代を変えるような大発見をしたからである。光学の発見とは、色はそれまで考えられていたように光の変化によって生じるのではなく、それぞれの色をもつ光があり、白色光はその混合であることを明らかにするものだった。また数学の発見とは微分と積分の方法を初めて着想するものだった。これらの発見をしたとき、彼はこの道に足を踏み入れたばかりの二十四歳の若者にすぎなかったのである。

ウールスソープの村での発見は、もちろんゼロから生じたものではない。もちろん、先人たちの研究があり、ニュートン自身による思索と観察と実験があった。しかし、この地でそれが実を結んだということは注目に値する。そこは大学の蔵書や実験室や学友たちから遠く離れた場所だった。つまり、彼は無刺激状態に近い環境の中にあったのである。ニュートンはケンブリッジでも非社交的で孤独な人物だった。しかし、この地で孤独の上にも孤独になった。他の刺激を取り払った自由な空き地にアイディアが降りてきたというべきだろう。

彼が光学と重力と数学という三つの分野で相次いで大発見をしたのは驚くべきことだが、おそらく、彼の中では三つの事柄は密接につながっていた。それらは、グランサムのグラマースクールの時代に、彼が日時計の制作に熱中していたことに結びつけることもできるだろう。太陽からの光と色を観察していたことが光学に結びつき、太陽と地球の関係を考えることが万有引力の法則に結びつき、地球の大きさやその軌道を計ろうとしたことが微積分学に結びついたと考えられる。

また同時に、ニュートンが敬虔なキリスト教徒だったことも忘れてはならない。彼が世界の成り立ちを理解しようとしたことは、創造主である神の意志を知ろうとすることでもあった。そして、この世界の姿をすっきりした数式で表すことができるということは、それだけ、神の意志が秩序ある形で隅々まで行き渡っているということを示すことだったのである。

彼は神の高みから、つまりトップダウンの視点で世界の有りようを見つめていた。もちろん、彼はこの時も、その後も、こつこつとデータを集め自説を証明するための努力を重ねていた。しかし、それらのボトムアップともいえる地道な活動を支えたのは、全体を支配する法則を明らかにしようというトップダウンの発想だったと考えられるのである。

故郷の村で生涯最大の発見の数々を成し遂げたニュートンだったが、それらはまだ直観にもとづくものだった。彼は、その後の生涯をかけて、それらに明確な形を与えて世に出していくことになる。内なる世界は広大だったが、それを外に出していく過程は少しずつだった。彼は手始めに数学についての小論文を書き、バロー教授に手渡す。すると、教授はたちまちニュートンの才を見出すことになる。そして、まもなく、自然哲学の教授職を、まだ二十六歳のニュートンに譲ることになるのである。

バローが、なぜ、このとき、つかみ取って間もない教授の職をニュートンに引き渡したのかは謎である。それは、あまりにも気前のいい行為のように見える。このとき、バローは光学についての論文を世に出そうとしており、それについて年下のニュートンから助言を受けていたようである。彼は、自然科学について、ニュートンが自分より上であることをはっきり認めたのかもしれない。また、彼は聖職者としても重要な立場にあったので、それに専念するために教授職を手放したという説もある。しかし、いずれにしても、バローはニュートンの才能が世に出ていくのを助けた。天才が生まれるための支援者の役割を果たしたのである。

内部世界の支配から外部世界の支配へ

ニュートンをとりまく人々は、口々に、彼がもの静かで、非社交的で、いつも何か考えこんでいる様子だった、と述べている。彼はそうして、自分の中に物理世界の全体像を構築していたのである。やがて、彼はそこに秩序を与え、その世界の支配者になった。次なる仕事は、それを世に知らしめることである。

しかし、外部世界に乗り出してみると、そこには三人のライバルがいた。物理世界の像を明らかにしようとしていたのはニュートンだけではなかった。内面の静かな戦いが、外面に向けられた、騒がしい戦いに形を変えていくのである。

ニュートンがまずやらなければならなかったことは、王立協会の会員になって自説を発表することだった。王立協会とは現代でいえば自然科学の学会のような場所で、ニュートンが大学に入る前年に英国で設立されたものだった。そこで中心的な役割を担っていたのがロバート・フックという人物で、ニュートンにとって最初のライバルとなるのである。

フックは、当時、自然科学の分野ではケンブリッジよりも進んでいたオクスフォード大学の出身者で、「ボイルの法則」で有名なボイルの助手をつとめたことを皮切りに実に多くの研究に手を出していた。王立協会の週一回の会合では、毎回、会員の前で実験をやって見せ、それなしでは協会の活動が成り立たないような働きをしていたのである。

その王立協会の会報に、ニュートンは「光と色についての新理論」と題する小論文を発表した。これについてコメントを書いたのがフックだったのである。フックはニュートンの観察をほめたあとで、それらはすべて自分がすでにやったことで特に新しいものではない、とした。また、光がそれぞれ色をもつというニュートンの考えも否定した。フックも色は光の変化によって生じると考えており、ニュートンの説はまだ、それを打破するところまで行っていなかったのである。

フックのコメントを読んだニュートンは非常に傷つき、また激怒した。自説に対するフックの評価はあまりにも低いものであり、またあっさりしたものだった。彼はすぐに反論を開始するが、相手は王立協会を牛耳る人物であり、また、科学のことなら何でも知っている、という態度をとる人物である。この立場の違いを承知の上でいどんでいかなければならない。

故郷の村で三大発見をしたニュートンは、世界のしくみを我がものにしたような気持ちだったのではないかと思う。それは、世界を創造した神の代弁者になったような高揚感を伴うものだっただろう。しかし、フックによる一撃はニュートンを天上から地上に引き降ろした。天上での聖なる戦いはけがされ、地上の人間くさい戦いにされてしまったのである。

フックとの論争は二〇年以上も続いた。フックは「引力は距離の二乗に反比例する」というニュートンの重力仮説についても、自分がすでに知っていたことであると唱えた。ニュートンはフックによる攻撃に耐えながらも、後に、大著『プリンキピア』を著し、また、光の理論も再構築して世に出すことになる。フックは頭の回転のいい人物だったが、静かに理論構築していくニュートンにはかなわなかったといえる。また、フックは幼少期から病弱な体質であり、その体力は次第に衰えていったのである。

フックとの論争に最終的に勝利したニュートンは王立協会の会長になった。会長として彼がまずおこなったのは、フックの研究室と同じ敷地にあった王立協会を他の場所に移すことだった。いま残されている王立協会には、協会の歴代の関係者の肖像が飾られているが、そこにフックの像は存在しないとのことである。

フックに続いて現れたニュートンのライバルはジョン・フラムスティードだった。フラムスティードとは、世界標準時を定める場所として有名なグリニッジ天文台の基礎を築いた人物である。彼は王室からの援助があまり得られない中、私財を投じて天文台の設備を整え、天文観測を続けていた。その観測値を必要としたのがニュートンだったのである。ニュートン自身も天文データをもってはいた。しかし、自説を確実なものにするにはフラムスティードによるより多くのデータが必要だったのである。彼はフラムスティードに再三にわたりデータの提供を求め、それが得られると『プリンキピア』など、自らの著作の中に取り入れていった。けれども、フラムスティードに相応の謝意を示さないどころか、借用していた多量のデータを返却しないという無礼までしたのである。

当然、フラムスティードはニュートンに抗議した。しかし、これに対してニュートンがしたことは、『プリンキピア』の初版の中には示されていたフラムスティードの名を第二版では削除するという行為だった。そして、フラムスティードをおとしめるような行為はさらに続いた。フラムスティードが長年蓄えた天文データを自著として出版しようとすると、それに介入し、王立協会の編集による「英国天文誌」という形に変更させてしまう。最後には、フラムスティードが生みの親だった天文台を王立協会の管理下に置いたのである。

そして、ニュートンに対する三人目のライバルとして現れたのはドイツの哲学者ライプニッツだった。彼は多くの顔をもつ人物であり、哲学者であると同時に外交官であり、また数学者でもあった。そのライプニッツは、パリとロンドンに滞在する前後に微積分学を着想し、後にこれを発表した。ニュートンは、それを、すでに自分が確立していた理論を盗用したものであるといいだしたのである。その頃、ニュートンは英国を代表する科学者であり、英国はニュートンの権威を必要としていた。そのため、英国内にはニュートンの多くの代弁者が現れ、論争は英国対ドイツの様相を呈するまでになった。

しかし、実のところは、ニュートンもライプニッツも微積分学のもととなる考えをデカルトから得ていた。そして、ニュートンの微積分学は「流率法」と名づけられ、物理運動との関係で生まれたものだったのに対して、ライプニッツのそれは記号法を確立する中で生まれたものだった。ちなみに、いま微積分の記号として用いられているのはライプニッツによるものである。

ニュートン以後の歴史が示すように、偉大な発明発見が同時に複数の人物によってなされるのはよくあることである。しかし、フックとの苦い論争の経験から、ライバルは徹底的に潰しておかなければならないと、彼は考えるようになったのかもしれない。また、故郷の村で神の啓示ともいえる体験をして以来、彼は自分こそ真理の体現者であると思うようになったと考えられる。そして、学界の頂点に立った彼は、その内面の思いをそのまま外界に投影したと考えられる。

晩年のニュートン

五十歳を過ぎた頃、ニュートンは強いうつ状態に陥る。不眠が続き、精神が錯乱し、知人に支離滅裂な手紙を送った。その頃、ニュートンは人生の転換期にあった。『プリンキピア』を刊行し、フックとの論争にも決着がつき、一時的に国会議員にも選出された。もはや孤独な研究生活に戻るわけにはいかなかったが、財政的に安定した社会的地位にはまだついていなかった。

うつ状態から脱するとともに、ニュートンは造幣局監事となり、その後、長官になった。また、王立協会の会長も続けており、その権威を利用してライバルたちに威力を発揮していたのである。

晩年のニュートンは、もはや若いときのような孤独の中で日々を送っていなかったようである。彼は、妹の娘、キャサリン・バートンを養女として迎えていた。この女性は非常に社交的で、気むずかしく人づき合いの悪いニュートンをカバーする働きをしていたといわれている。後に、バートンの夫となったコンデュイットがニュートンによるものとして残したことばがある（島尾　一九九四）。

私が世間の目にどのように映っているかは知らないが、私自身には、私は海辺で遊ぶ少年にすぎず、時折、普通より滑らかな小石や美しい貝殻を見つけて気晴らしをしているが、真理の大海は全く発見されぬまま眼の前にあるように思われる。

これは全くニュートンらしくないことばである。ニュートンは長年、自分を真理の体現者と見なしていたはずである。だからこそ、冷酷ともいえるやり方でライバルたちを退けてきた。それを踏まえれば、何を今さら！といいたくなるようなことばである。しかし、もしこのような思いが多少ともあったとしたら、ニュートンも死にゆく一人の人間として自分の限界を感じるようになり、傲慢だった過去を反省したのかもしれない。

ニュートンは八十四歳でこの世を去ることになる。そのときすでに、七歳年上のフックも四歳年下のフラムスティードとライプニッツも世にいなかった。すでにライバルたちの消えた世界をニュートンは一人生き続けていたのである。

4章 トーマス・アルヴァ・エジソン

世界で最も有名な発明家といえば、いまでもその名はエジソンである。彼は現代の文明のもととなる発明品を最も多く生み出した。しかし、その幼少期は通常とはかなり異なるものだった。それがどのようにして発明の才に発展していったかを以下見てゆくことにしたい。

不注意な子ども

トーマス・アルヴァ・エジソンは、一八四七年に米国オハイオ州ミランで父サミュエルと母ナンシーのあいだに生まれた。七番目の子どもだったが、すぐ上の三人はすでに死亡していたので、上の兄姉とは十歳以上の年の開きがあった。すぐ上の子どもたちを失っていたことと、生まれてまもないエジソンが病気がちだったため、両親は細心の注意を払いながら彼を育てた。

幼いエジソンには奇妙なところがあった。頭が大きすぎるように見えることと質問癖があることだった。両親は脳炎を疑ったが、結局それは杞憂に終わった。また、よく質問することは、幼い子どもによく見られる特徴だが、エジソンのそれは度を越しており、大人たちを悩ませるものだった。

彼は成長するに従い、親を困らせるような事件を次々に起こすようになった。エジソンが生まれたミランというところは、運河がはり巡らされ、それを利用して小麦を運搬することで栄えた町だった。彼は、親が目を離しているうちに家を抜け出し、危険な水路を探索するような少年だったのである。ある時は、その運河に落ち込み、危うく命を落とすところだった。また、ある時は、運河沿いの倉庫の小麦の排出口の扉を開け、自分も小麦の海の中に埋もれてしまう経験をした。そして、事件はさらに続いた。ある日、彼は父親の納屋の中でマッチをすり、その小屋を全焼させてしまった。風があれば、町中に火が回る大惨事になりかねないものだった。父親はこれに激怒し、彼を公衆の面前で鞭打ちしたそうである。

また、別の日には、彼は何時間も家に帰らなかった。家族総出で探し回ると、隣家の納屋でうずくまっていたのだった。聞くと、ガチョウやニワトリの卵を集めて抱きかかえ、ひなにかえそうとしていたらしい。このような行為は、三、四歳の子どものごっこ遊びと見なすこともできる。しかし、それは仲間に見せるもので、本当にひながかえるとは思わない。しかし、彼は一般的な子どもとは違っていた。思いつきを消去できず、それにもとづいて一人行動する子どもだった。

幼いエジソンが示した行為は、現代のことばでいえば、ＡＤＨＤに当てはまるところが大きい。1章で述べたように、ＡＤＨＤには、不注意、多動、衝動性の症状が現れるが、以上の行動はそれらすべてに当てはまるものである。しかし、いずれも強い好奇心から生まれたものであり、エジソンの場合は、それがやがて発明の才へと発展していくのである。

三か月で小学校を退学

その後、エジソン家は、ミランからミシガン州ポートヒューロンに移住することになる。鉄道の開通とともに輸送方法が変わってゆき、運河の町は急速にすたれていったからである。すでに八歳になっていたエジソンは、新しい地で小学校に入学した。ところが、彼にとって小学校は全く適応できない場所だった。エジソンは、発明王になったあとに、新聞記者にこう語ったという（光瀬　一九八八）。

　わたしはいつも不注意な少年だった。……学校ではうまくいかなかった。なぜかわからないが、私はいつもクラスのビリだった。

そして、三か月が経過したとき、エジソンの伝記には必ず書かれている、あの有名な事件が起きる。学校を経営するエングル先生に「おまえの頭は腐っている！」といわれてしまうのである。そして、その話を聞いた母ナンシーは怒り、学校をやめさせ、自分で教育することに決めるのである。

小学校での三か月間、エジソンがどんな生徒だったたか、正確なところはもはや知ることができない。しかし、当時の学校は文章や計算などを機械的におぼえさせ、いわれた通りにしない生徒はむち打つような場所だった。一人で探索して回るのが好きだった彼が、そのようなところでうまくやれたとは思えない。じっと席についていたかどうかもあやしいところである。

ここで、生徒自身が進める行動と教師が進める行動の関係を簡単な図式（図14）をもとに考

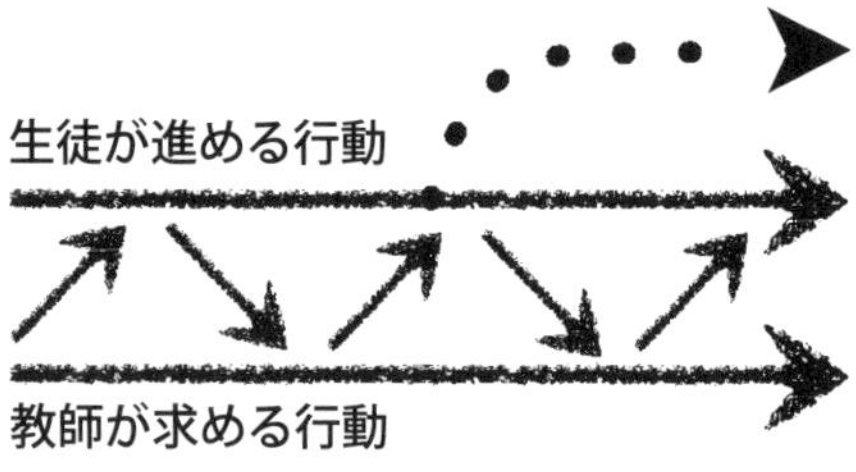

図14　教室内の２つの行動ライン

えてみることにしよう。教室では、教師がそこで進めるべき行動のラインを決め、生徒はそれに従って行動する。そのため、生徒は常に教師からの指示を待ち、自分がとるべき行動を決定する。もしそれがないときは待機状態になる。生徒が、この待機状態を維持できなければ授業は成立しない。

しかし、エジソンのような生徒の場合は、スタンバイ状態で自分の頭を無にしておくことはむずかしかったに違いない。自分の思考の方にスイッチが入ってしまい、教師の指示とは別の方向に向かってしまう（図中、点線部）。それどころか、登校したときにはすでに、自分の興味にもとづく思考活動を進めていることが多かったのではないだろうか。そして、たまに教師の言動に注意を向けたときには、例の質問癖が現れ、教師が意図した筋書きを乱してしまう。

教室というのは生徒にとって受動的な場所であり、教師だけがその筋書きを握っている。生徒は教師によって賞賛されることを期待し、叱責されたり無視されたりすることを恐れて授業に参加する。そして、このようにしながら、教師の筋書きを徐々に自分のものにしていくのである。
しかし、このような状況にフィットしにくい子どもがいる。そして、このような子どもは現在ふえている。そのはしりのような存在がエジソンだったといえるだろう。

母が開いてくれた独学への道

小学校を退学したエジソンの教育を担当したのは母親だった。実は、彼女は結婚前に、カナダの小学校で子どもたちを教育した経験があった。彼女は根気よく、読み書き・計算の基礎を息子に教え始めたのである。彼女は彼が絶え間なく繰り出す質問にもていねいに答えたはずである。

時代は移り、西暦二〇〇〇年を越えたいま、世界には特別支援教育を推進する動きがある。子どもたちの中には認知の特性や障害などのために、特別な教育的ニーズをもつものがいる。それに応えていこうとするのが特別支援教育である。それは先の図（図14）に従っていうなら、生徒が教師に合わせるのでなく教師が生徒の学ぶべき事柄に合わせていく方法である。エジソンの母親がしたのはまさにそのような教育だった。後にナンシーは次のように語っている（幸田 二〇〇六）。

ほかの子どもたちと比較したこともありません。子どもは一人一人違うのです。だからほかの子どもたちと違って当たり前です。トーマスの悪いところを責めるより、よいところを伸ばしてあげようと思いました。

母ナンシーは読書家だった。彼女は『ロビンソン・クルーソー』『ノートルダムのせむし男』などから始め、シェークスピア、ユーゴー、ディケンズなど様々な文芸作品を息子に読み聞かせた。そして、読書の範囲はシーザーの『ガリア戦記』やギボンの『ローマ帝国衰亡史』にまで広がっていったのである。

母と共に進めた読書の内容が、このように、後の発明に直接関係ない書物だったことは興味深い。この時期、エジソンは世界を動かした歴史上の人物に強い関心を抱き始めた。そして、後に彼は、それらの書物の中の人物のように武力や政治力によってではなく、発明品によって世界を動かす人物になっていくのである。

九歳になったとき、彼は後の発明活動に直結するような書物を母から与えられることになる。チャールズ・パーカーの『自然哲学の学校』という、化学実験について詳しく述べた本である。彼は本の中の説明に従って、石けんや花火を作るようになった。実験資材は次第に増え、ついに地下室の一角が実験室になってしまった。

ただ、この時期まで、エジソンは友だちのない孤独な少年だった。母の回想によると、幼児期のエジソンは蟻の行列を一日中追いかけているような少年だった。ナンシーは次のように述べている（幸田　二〇〇六）。

あの子にとって最初の友だちが私だったと思います。私たち二人の交流はそれは楽しいものでした。その輪が広がって、あの子は自然にほかの人たちとの交流を楽しむようになりました。あの子と親友になれたことは母として本当に幸せなことでした。

母ナンシーは、エジソンにとって生涯最大の支援者だったといえるだろう。彼は発明家として成功を収めた後にこう語っている（幸田　二〇〇六）。

母だけは何があっても、あるがままの私を理解してくれた。どんなに苦しいときでも、母を喜ばせたくて私は努力を続けることができた。すべて母のおかげだ。

車内売り子から新聞発行人へ

母との勉強を続けていた頃、エジソン家の家計はきわめて不安定な状態にあった。父サミュエルは次々に新しい仕事に手を出したが、結果はことごとく失敗に終わった。父親は様々なアイディアを生み出してはすぐに実行に移す人だった。エジソンはその性質を受け継いだといえる。

父親による奇抜なアイディアの最たるものは、住居の近くに展望台を作り、その入場料を取ろうというものだった。大工の腕前もあった父サミュエルは、木造三十メートルの塔を作り人々を驚かせたが、十分な収入を得ることができなかった。そして、ある大風の日に展望台はあっけなく倒壊してしまった。

家計を助けるために、エジソンは働かざるを得なくなった。最初にしたのは野菜を町に売りに行く仕事で、そこで大人たちとかかわる術を身につけたと考えられる。彼は、近所の子どもたちも巻き込んで仕事にはげんだが、少年たちにはあまりにも体力のいる仕事だった。

次にエジソンが始めたのが、列車内で物を売る仕事だった。その頃はちょうど、デトロイトから延びてきた鉄道が、彼が住むポートヒューロンまで延長されたところだった。十二歳のエジソンはそこに目を付けたのである。彼は鉄道会社の許可を得て、新聞や雑誌や果物を売るようになった。このアイディアはヒットした。彼が車内に持ち込んだ商品は実によく売れるようになったのである。

だが、エジソンが車内売り子を始めたのにはもうひとつの狙いがあった。朝、列車に乗り込んでデトロイトに着くと、帰りの列車まで八時間もあった。彼はその間に図書館で勉強したのである。そこには、当時でも一万六千冊もの本があった。それを片っ端から読み進めたのである。後に彼は当時を振り返り、「私は図書館を読んだ」と語っている。エジソンの発明は広い範囲に及び、一〇九三件もの特許取得となったが、それを支える知識をこのような場所で蓄え始めたということができるだろう。

ところで、車内で特に売れた商品は新聞だった。当時は南北戦争の真っ最中で、人々は戦況や兵士たちの安否について知りたがっていたのである。売り上げが伸びると、エジソンは新しい方法を思いついた。あらかじめ電信によって新聞の見出しを知らせ、各駅に掲示しておく方法である。このやり方で、彼は一日に千部もの新聞を売り上げるようになった。そして、売れ行きがいいと、新聞の値段を少しずつつり上げ、稼ぎを大きくしていったのだった。

エジソンは人心をつかむのがうまかった。まだ十四、五の少年が大人たちを手玉に取っていたのである。彼は自分の実験室で化学の実験をするときと同じようなやり方で、人々の行動を観察し、操っていたといえる。そして、その収益は実験器具を購入するために使われていた。彼は列車の荷物室の一角に実験室兼作業所を作っていた。彼は新聞社から購入する新聞を販売するだけでは飽き足りず、中古の印刷機を購入して、そこで新聞を発行するまでになっていた。そして、新聞の発行や印刷の時間を確保するために、同年輩の少年を雇って販売の方をまかせるようになっていた。

彼はアイディアが浮かぶと、強引ともいえる方法でそれを実行に移す少年だった。それはどこにも手本のない、自分だけの活動だった。当時のエジソン少年の生活自体がひとつの発明品だったといえるだろう。小学校退学に表れていたように、彼は大人が用意したプランに乗るのが嫌いな少年だった。そして、いまや、周りの大人を自分のプランに乗せて動かすようになっていたのである。1章で紹介したピアジェの概念に当てはめてみるなら、彼は調節よりは、外部世界を自分のアイディアの方へ同化させる傾向が非常に強いタイプの人間だったということができるだろう。

電信士のかたわら発明を始める

十六歳のとき、エジソンの人生には転機が生じた。新聞発行人から電信士に転身したのである。きっかけは人命救助だった。彼は、列車の停車中に、貨車にひかれる寸前の幼児の命を助けたのである。そして、その幼児の父親は停車駅の駅長だった。また、その駅長は、鉄道の電信係でもあった。彼は、息子の命を助けてもらったお礼に、エジソンに電信技術を教えたのである。当時の電信とは、キーを長短の組み合わせによって叩くことで信号を送る方法だった。エジソンは三か月のあいだに、その技術を完全にマスターしてしまった。と同時に、関心分野を化学から電気の方に広げたのである。

電信士は、当時、花形の職業だった。彼は車内売り子と新聞発行の仕事をやめ、電信士として身を立てることにしたのである。まず彼は、地元のポートヒューロンに電信局を開局した。しかし、小さな町では多くの注文を得ることはできなかった。そこで、彼はついに故郷を離れ、電信技術をひっさげて各地を放浪する生活を始めるのである。

それから五年間、エジソンはカナダとアメリカの各地を電信士として転々とした。その間に、電信士としての腕前もかなり上がっていた。そして、二十一歳になったとき、ボストンのウェスタン・ユニオン社に電信士として入社することになる。この頃から、彼の発明家としての才能が開花し始めるのである。彼は仕事の合間に、二本の電線でなく一本で交信する方法、電気仕掛けのゴキブリ撃退機、電気式投票機などを次々に発明していった。当時、彼は夜勤の仕事についていた。彼は、車内売り子のときと同じように、自分の居場所を実験室に変えてしまい、そこで発明品を作り始めたのである。

そして、二十二歳になったとき、彼はアメリカ最大の商業都市、ニューヨークに赴き、ゴールド・インジケーター社の技師長になる。当時は金の取引が盛んな時代で、そこは金の相場を通信する会社だった。彼は通信されてきた内容を電信記号でなく数字で印字できるゴールド・プリンターという機械を発明するのである。そして、彼は翌年には、機械をさらに進化させ、アルファベットも印字できるユニバーサル・プリンターというものを開発し、その権利をニューヨークのウェスタン・ユニオン社に四万ドルで売ったのだった。これを資金として、彼はついに、二十四歳の若さで、数百人の従業員を擁し、研究所と工場を備えた会社の経営者となったのである。

一パーセントのひらめきと九十九パーセントの汗

いまや多くの社員を率いるエジソンの姿には、もはや少年時代の孤独の影は存在しないように思える。しかし、実際には、発明家としてのエジソンの生活のベースには常に孤独があった。彼は社長室に腰を据えて客を迎えることが中心となる生活ができない人間だった。現場で、寝る間を惜しんで仕事を続ける道を選んだ。大発明家として認められ、人々に会うことが多くなっても、生活の総時間の中では、孤独に仕事に打ち込む時間の割合が圧倒的に多かったと考えられる。

彼は最初の妻メアリーとのあいだに三人の子ども、メアリーを失ってから迎えたマイナとのあいだにも三人の子どもをもうけた。しかし、彼は良き家庭人ではなかった。帰宅が遅いばかりでなく、仕事場で一夜を過ごすことが多かったのである。つまり、生活の中心は相変わらず実験室だった。

エジソンが難聴だったことも、彼が孤独な時間を過ごすことに力を貸したようである。彼の難聴は、七歳のときの猩紅熱によるものとも、車内売り子の時代に列車から転落しかけたときに車掌に耳をつかまれて引き上げられたためともいわれている。真相は不明である。いずれにせよ、この難聴は彼の思考が外界よりも内界に向かうことを助けたようである。彼は自伝の中でこう述べている（幸田　二〇〇六）。

私は物音がふつうに聞こえる世界から締め出された。しかし、ばかげた会話や不用な騒音と無縁になったおかげで、実験と読書に集中できるようになった。

彼は「最高の思考は孤独の中で生まれる」とも述べている。

この孤独の中で延々と繰り返されたのが発明のための実験だった。彼が記録した実験用ノートは三千四百冊にも及ぶ。また、白熱球の完成に至るまでの実験回数は一万四千回を数えるといわれる。このような努力の末に残されたのが、あの有名なことばである。

天才とは一パーセントのひらめきと九十九パーセントの汗である

図15　発明品とそれを支える資源

発明のために彼が費やした時間の大きさを考えると、「九十九パーセントの汗」ということばは納得できるものである。しかし、この伝説的なことばが次第に、努力を積み重ねさえすれば偉大な結果がついてくる、と解釈されるようになったことについてエジソンは異議申し立てをしている。九十九パーセントの努力も一パーセントのひらめきが伴わなければ意味がないのだ、と。

ここで、発明品とそれを下から支える資源の関係を図15のように表してみた。ひとつの発明品が生まれるには図に表したような多くの種類の資源が必要である。2章で取り上げたダ・ヴィンチの場合は、飛行機やヘリコプターなどの原理をかなり精確に表したにもかかわらず、当時のイタリアにはそれらを制作するための資源が整っていなかった。しかし、エジソンの時代には、それを支える資源がかなり揃ってきていたといえるだろう。彼はそれを活用して次々に発明を成し遂げてみせたのである。

だが、資源が整ったからといって発明品が次々に湧きだしてくるわけではない。すでにあるものに囲まれていても、発明品のイメージは生まれてこない。そこからいったん離れてイメージを自由に遊ばせてみる必要がある。そして、発明品のイメージに合わせて有用な資源を引き上げていくのである。

だから、発明とは基本的に、上から下へと向かうトップダウンの過程であるといえる。エジソンは、自分の研究所の中に、これら資源となるものを用意していた。それらの中には、学問的知識を提供する学者もいた。エジソンは、「私は数学者を雇うことができるが、数学者は私を雇うことができない」と述べている。幼くして学問の世界からはじき出されてしまったエジソンだったが、いまや彼はそれを発明を通して利用する立場に到達したのである。

二十世紀を発明した男

エジソンは、三大発明といわれる白熱球、蓄音機、映画だけでなく、多重電信機、電話、マイクロフォン、タイプライター、謄写版、蓄電池、電気鉄道、採掘機械、エックス線装置、送電システム、ゴム、セメントなどの発明にも深く係わっている。これらは二十世紀以降の文明生活のもとになるものばかりである。伝記作家ニール・ボールドウィンは、エジソンのことを「二十世紀を発明した男」と称したが、まさにこの呼び名にふさわしい仕事をしてきたといえるだろう。

しかし、発明の時代が進展すると、個々の発明の分野ではエジソンを凌駕する人物が現れ始めた。そのひとつが自動車の分野である。エジソンは蓄電池の改良によって電気自動車を開発しようとしていた。しかし、その道を閉ざしたのがヘンリー・フォードだった。彼は優れたガソリン車を発明することによって自動車の大量生産の時代を切り開いたのだった。

そして、もうひとつは送電の分野である。エジソンは従来通りの直流による送電にこだわり、この方式を押し進めていた。しかし、そこにニコラ・テスラという、電気の分野でエジソンに劣らぬ天才ぶりを発揮する人物が現れた。テスラは、交流の方が電気を効率よく遠くまで送ることができることを示し、時代は一挙に交流による送電の方向に動いたのである。

けれども、もとをただせば、フォードもテスラもエジソンの会社の社員だったことのある人物だった。エジソンが始めた発明の事業は、これらライバルとなる発明家が生まれる土壌も用意したといえるだろう。現在では、企業が研究所を作り、研究と生産を分離する方式をとるのが当たり前になっているが、この方式を最初に作ったのもエジソンだった。そのため、彼は発明システムを発明した男とも見なされているのである。

エジソンは、八十歳を過ぎてもなお実験室を中心とする日々を送り続けた。だが、ついに、一九三一年一〇月に、八十四歳で、その発明家としての人生を閉じることになった。

5章 夏目漱石

夏目漱石は近代日本を代表する小説家である。また、その門下からは芥川龍之介など多くの作家が輩出した。しかし、その人生の出発点は、生後すぐに里子に出されるなど、非常に孤独なものだった。それが後の人生にどのように影響し、国民的作家といわれる活動にどうつながったかを見てゆきたい。

生まれてすぐに里子に

漱石の実名は夏目金之助という。一八六七年（慶応三年）一月五日（旧暦）に現在の東京都新宿区喜久井町で生まれた。明治時代が始まるちょうど前年である。漱石の前に夏目家には四男三女が生まれたが、彼のすぐ上の兄と姉はすでに死亡していた。

漱石が生まれたとき、父は五十歳、母は四十一歳になっていた。四十一歳での出産というのは、当時としてはかなり珍しいことだったのだろう。母は自ら「こんな年をして懐妊するのは面目ない」といっていたそうである。夏目家は、この予定外に遅く生まれた子をすぐに四谷の古道具屋に里子に出すことになる。漱石は、後に『硝子戸の中』の文中で、その頃のことを次のように述べている。

私はその道具屋の我楽多《がらくた》と一所に、小さい笊《ざる》の中に入れられて、毎晩四谷の大通りの夜店に曝されていたのである。それを或晩私の姉が何かの序《ついで》に其所《そこ》を通り掛った時見付けて、可哀想とでも思ったのだろう。懐へ入れて宅へ連れて来たが、私はその夜どうしても寝付かずに、とうとう一晩中泣き続けに泣いたとかいうので、姉は大いに父から叱られたそうである。

夏目家は江戸時代から名主の家柄だった。そのような家に生まれた子が、このような境遇に置かれたということは、哀れなことだったといえるだろう。漱石はしばらくして実家に戻されるが、その後まもなく、同じく名主をしていた塩原家に養子に出されることになる。戸主とその妻のあいだに子がいなかったからである。

仮の親と実の親

漱石は優れた空間記憶の持ち主だったようである。幼児期を過ごした塩原家の間取りや家の周囲の様子を実によく憶えていた。この記憶の中の空間を数十年後の漱石はたどってみることができたのである。しかし、そこに人の姿は登場しない。ここに当時の彼の孤独な姿が想像されるのである。

この間の事情は、漱石の自伝的小説『道草』の中によく表れている。そして、記憶の中に人が現れたとき、それは幼い漱石にあれこれ買い与えてくれた養父の姿になっているのである。養父は、当時はまだ珍しかった洋風の服や帽子を彼に身につけさせ、求めれば金魚や錦絵なども買ってくれた。養父にとって彼は、将来家を継いでくれ、老後の面倒を見てくれる存在だったのである。

だが、幼い漱石は、早くもその打算に気づいていたのかもしれない。『道草』の中では、主人公の健三の目を通して、こう述べられている。

「斯《こ》んな光景をよく覚えている癖に何故自分の有《も》っていた其頃の心が思い出せないのだろう」

これが健三にとって大きな疑問になった。実際彼は幼少の時分是程世話になった人に対する当時のわが心持ちというものを丸で忘れてしまった。

「然《しか》しそんな事を忘れる筈がないんだから、ことによると始めから其人に対して丈《だけ》は、恩義相応の情合が欠けていたのかも知れない」

幼い漱石と養父母のあいだには自然な親子の情愛が欠けていた。そのことが気にかかっていたのか、養父母は彼に度々次のような質問を投げかけてきたのだった（同じく『道草』より）。

「御前の御父さんは誰だい？」

そこで彼が養父を指さすと、次の質問がやってくる。

「じゃ御前の御母さんは?」

彼がそれにも同じようにして答えると、養父母はさらに質問してくるのだった。

「じゃ御前の本当の御父さんと御母さんは?」

彼がこれにもいやいや答えると、養父母は顔を見合わせて笑い、喜ぶのだった。


これと反対に、もしそこに親子の本当の情愛があったとしたら、子は親にすべてをゆだねることができるようになる。すべてというのは、周りの世界についての認識に関しても、ということである。しかし、幼い漱石は、信用しきれない養父母と共にあって、大人の認識でなく自分自身の認識を育てざるを得ない立場にあった。それは不安に満ちた不幸な生い立ちではあったが、頭の中の独自世界を作品化していく、作家としての未来にとっては幸いなことだったといえるだろう。

また、「御前の本当の御父さんと御母さんは?」としつこく聞かれ、養父母を指ささなければならなかったという経験は、漱石の後の人生に影響する、ある心の癖を生み出したと考えられる。それは、本意では養父母の期待に応えたくない、しかし、不本意にも期待通りの行動を示さざるを得ない、という体験だった。この、本意と不本意の対立図式は、漱石のその後の人生にたびたび現れるものである。だから、本章の後半で再び取り上げたい。

「何をしに世の中に生まれてきたのだ」

ところで、塩原家での養子としての日々は、漱石が九歳のときに突然終了することになる。養父がある女性との関係を深め、養母と離縁したためである。こうして、彼は実家に戻されるわけだが、そのとき、高齢の実父母は、彼に対して祖父母ということになっていたのである。

つまり、少年期の漱石の周囲には、大人たちがこしらえた、真実を見分けにくい世界があった、ということができるだろう。そのため、彼は、通常のように、大人に助けられて世界を理解していくのでなく、大人の嘘を見破りながら世界を理解していかなければならなくなったのである。

その、嘘を見破り、真実が開ける瞬間が漱石のもとにまもなくやってきた。ある夜、彼は下女から「貴君が御爺さんと御婆さんだと思っていらっしゃる方は、本当はあなたの御父さんと御母さんなのですよ」と耳打ちされたのである。

こうして漱石は、自分が実の親の家に戻ってきたことを知ったわけだが、彼の姓は相変わらず塩原のままだった。夏目姓となったのは二十一歳のときで、その数年前に二人の兄が相次いで病死したためと考えられる。彼が戻ってきたことを、実の父は歓迎しなかったようである。

漱石は、その頃の様子を『道草』の中でこう書いている。

実家の父にとっての健三は、小さな一個の邪魔物であった。何しにこんな出来損ないが舞い込んできたかという顔付をした父は、殆《ほとん》ど子としての待遇を彼に与えなかった。

……………………
健三は海にも住めなかった。山にも居られなかった。

居場所が定まらず、自分の存在理由を確認できなかった彼は、自分自身に対してこう問いかけるようになるのである（『道草』一九八四）。

「御前は畢竟《ひつきよう》何をしに世の中に生まれてきたのだ」

あとで見ていくように、漱石は常に自分に大きな使命を与える人間だった。また、それに応えていく人間でもあった。自分の存在理由を追い求めさせた不幸な生い立ちが偉大な仕事を生み出した、ということもできるだろう。

友との出会いと文学への道

漱石が戻ってきたことを歓迎しなかった実父だったが、彼が学問をおさめることに関しては出資を惜しまなかったようである。小学校を卒業すると、彼は東京府第一中学に入学することができた。そこは当時、東京にただひとつの中学校だった。

この中学校には正則と変則のふたつのコースがあり、漱石が入ったのは英語を学べない正則の方だった。英語ができないと大学入学を準備する大学予備門に入ることができない。「どうせ大学に入れないなら」と、彼は三年間通った中学をやめてしまい、好きだった漢文学に打ち込むために二松学舎という塾に入ることになる。しかし、時は文明開化の時代である。英語を学んでおかないと、将来身を立てることがむずかしくなりそうである。そこで彼は二松学舎も一年でやめてしまい、英語を学ぶために成立学舎という塾に入り直して大学予備門に入る準備をすることになる。

この頃は漱石にとって不安定な時代だった。十四歳のときには実母千枝が五十五歳で亡くなっている。孤独な少年期を過ごした漱石にとって、五年間ほどを共に過ごすことができた母の存在はやはり大きかったのではないだろうか。その母を失った悲しみもあったのか、志望通り大学予備門に入学したあとも勉強が身につかず、進級試験に失敗して落第してしまう。

しかし、この予備門に在学しているあいだに、漱石は多くの友人に出会うことになる。彼は学友たちと水泳をしたり、山登りをしたり、寄席に落語を聞きに行ったりするようになった。家族とのあいだでは得ることができなかった心の結びつきをそこで経験するようになるのである。

中でも重要なものとなったのは、「天然居士」と呼ばれていた米山保三郎との出会いだった。米山は哲学や物理学など広い範囲の知識を有し、皆から奇人と見なされていた人物だった。漱石は、大学の本科に進むときに、どの科に進むべきか、この米山に相談したのだった。

米山と話をするまで、漱石は建築科に進むつもりでいた。彼は数学や物理学の成績もよく、また幼い頃から絵を描くのが好きだったので建築科を選べば道が開けると思っていたのである。しかし米山は、この考えに真っ向から反対した。建築は多くの人と共にするもので、人づきあいの苦手な君の性格に合うものではない。また、西洋の歴史的な建造物に負けないものをいまの日本で作るのはむずかしいことだ。しかし、もし君が、好きな漢文や英語の能力を生かして文学の道に進めば一流の仕事をすることができるだろう。また、それは、君が一人だけで生み出すことができる世界だ、と米山は述べたのだった。

漱石は米山のことばに影響されて、一晩で考えを変え、文学の道に進むことにした。米山がいなければ、文豪、夏目漱石は存在しなかったかもしれない。米山は漱石という天才が生まれるための支援者の役割を果たしたといえるだろう。その後、漱石は東京帝国大学の英文科に進み、卒業後は東京高等師範学校で英語を教えるようになるのである。

親ゆずりの無鉄砲

「親ゆずりの無鉄砲」とは、漱石の有名な小説『坊っちゃん』の冒頭のことばである。『坊っちゃん』は、漱石が師範学校の教師を一年半でやめたあと、四国、松山の中学で英語教師をしていた一年間の日々をモデルにしている。

ところで「親ゆずりの無鉄砲」という、主人公「おれ」の性格を表すことばはどのように解釈したらいいのだろう。「おれ」は、思いつくとすぐに行動に移さずにはいられない若者である。だから、子どもの頃は、そこから飛び降りることはできないだろう、とはやされると校舎の二階から飛び降りてしまうのだった。また、腰を抜かして帰ってきた息子に対して、二階から飛び降りたくらいで腰を抜かす奴があるか、と叱るわけだから、父親もまた無鉄砲なのであり、そこが「親ゆずり」なのである。

松山の「いなか」に到着した「おれ」は、そこにいる人々のことを独断と偏見を交えて痛快に物語り、ついには校長の「たぬき」と教頭の「赤シャツ」に対して「山嵐」と共に反乱を起こして職を辞するのである。抑制が効かず衝動的な行動を起こしやすいその性格は、今日ならＡＤＨＤと診断されるかもしれないものである。また、ＡＤＨＤの特性は遺伝しやすいことを考えると、父親もまた無鉄砲だったのはうなずけるところである。

しかし、実際の漱石の松山での一年間は全く大人しいものだった。校長よりも高い給料という特別待遇を受け、皆から尊敬されていた。

そもそも漱石が松山に赴くことにしたのは、そこが大学予備門のときに親友だった俳人の正岡子規の郷里だったからである。その子規は、一時、松山の漱石のもとに同宿していた。そのとき、子規は毎晩のように一階で人を集めて句会を開いたが、その間も漱石は二階にいて、一人で勉強していることが多かったそうである。つまり、派手な子規の行動と比べて漱石は地味で目立たない存在だったのである。

いま、漱石の数ある写真を見ても、その容貌から「無鉄砲」という印象は受けない。後に漱石の妻となる鏡子も、彼の見合い写真を見て、落ち着いてゆったりとしている、と感じて気に入り、結婚を決意したそうである。漱石はエリートコースをたどってきた人物であり、その外観もそれにふさわしいものだった。

しかし、漱石自身は、学生時代から自分のことをいつも「変人」と呼んでいた。子規との交流の中で生まれた「漱石」という号も、流れに口をすすぐ、というところを、石で口をすすぐ、と間違えて改めようとしなかった、という人物に関する中国の故事から来ており、ひねくれ者という意味である。つまり、表向きはエリートコースをたどりながら、心中にはそれに反発する気持ちが常にあり、『坊っちゃん』に共感する心をもっていたのである。

学業に向かう漱石の行動をたどってみても、このような二面性を発見することができる。中学在学中にも、弁当と荷物を持って家は出るものの不登校状態に陥っている時期があった。そして、大学予備門に入ってからも、学業を怠り一度落第している。後に英文学者となる漱石も、「その頃は英語と来たら大嫌いで手に取るのも嫌な様な気がした」のである。しかし、落第後は勉学に打ち込み、特待生にまでなっている。

その間に実の母の死や自らの病気などがあったのも事実である。しかし、ここに表れているのは、やはり漱石がもつ二面性であり、そこに漱石が幼い頃からもっていた心の癖のようなものを読みとることができる。つまり、先に述べた、養父母に対する行為から生まれた、本意と不本意の対立である。漱石は、周囲から求められるものを敏感に感じ取る人物だった。しかし、それに応じることとの不本意が限界に達すると、その心は突如あばれだすのである。

不本意だった英国留学

松山中学で一年間、教師生活を送ったあと、漱石は四月には熊本の第五高等学校の講師になった。そして、六月には貴族院書記官長、中根重一の長女、鏡子と結婚し、翌年には長女、筆子が誕生している。

だが、熊本での生活も長くは続かず、三年目には文部省から英語研究のために二年間の英国留学が命ぜられた。けれども、その頃の漱石は「特に洋行の希望を抱かず」という心理状態だった。しかも命ぜられた研究題目は英語であり、彼の希望である英文学ではなかった。そこで、その旨を文部省に伝えると、題目について窮屈にとらえる必要はなく、帰朝後、高等学校や大学で教授する上で差し支えないようにすればよい、という答えだったので、留学を受諾したのである。

英国に向かったのは一九〇〇年九月八日、ロンドン到着は一〇月二八日だった。彼はロンドン大学で中世英文学を研究するケア教授の講義を聴講することにしたが、一か月余りでやめてしまった。代わって、この教授の紹介で、シェークスピア学者のクレイグに週一回の個人指導を受けることにしたのだが、これも一年足らずでやめてしまう。

では、漱石はロンドンで何をしていたのかというと、大量の本を買い込み、一人下宿で本を読んでいたのである。当時、海外に留学した者は、たいてい、名所を巡り、大いに見聞を広めたはずである。漱石は、せっかく異国の空の下にありながら、下宿に閉じこもった。なぜ、そんなことになったのかというと、この期に及んで、自分が文学の道を選んだことに疑問を感じ始めたからである。

「近頃は英学者なんてものになるのは馬鹿らしい様な感じがする」と漱石は友人宛の手紙（夏

目漱石　一九九〇）に書いている。実は、ロンドンに来て半年後、「味の素」を発明した化学者として有名な池田菊苗と一か月半ほど同宿し、その博学ぶりに感化されてしまったのである。また、漱石は、五高時代の教え子である寺田寅彦宛の手紙の中（夏目漱石　一九九〇）で「学問をやるならコスモポリタンのものに限り候」といい、さらに、「僕も何か科学がやりたくなった」といっている。

そして、文学についての疑問を解くには、文学というものの存在理由を解明する必要がある、と考え始めたようである。それも、コスモポリタンな（学問の分野を越えた）立場によって。彼は、『文学論』の序の中で、当時を振り返り次のように述べている。

余は下宿に立て籠りたり。一切の文学書を行李の底に収めたり。文学書を読んで文学の如何《いか》なるかを知らんとするは血を以って血を洗うが如き手段たるを信じたればなり。余は心理的に文学は如何なる必要あって、この世に生れ、発達し、頽廃するかを極めんと誓へり。余は社会的に文学は如何なる必要あって、存在し、隆興し、衰滅するかを究めんと誓へり。

漱石はこれを「十年計画」の仕事と考え、後にその途中経過を『文学論』として世に出すことになる。しかし、こんな方向転換を図ってしまったため、英語研究はほとんど進まず、文部省への一年目の研究報告は進捗しない旨を述べるものとなった。ここに、本意にもとづく研究と他から与えられた不本意な研究の板ばさみの状態が続くのである。彼は次第に「神経衰弱」の状態に陥り、二年目の研究報告は白紙で出すという事態になる。そして、「夏目狂セリ」という噂と共に二年間の留学を終え、帰国の途につくことになるのである。

『文学論』と大学講師の日々

漱石は『文学論』の序の中で、「倫敦《ロンドン》に住み暮らしたる二年は尤《もっと》も不愉快の二年なり」と書いている。そして、それに続いて、「帰朝後の三年有半もまた不愉快の三年有半なり」と書いている。では、その「帰朝後」とはどのようなものだったのだろうか。

漱石は帰国後、東京帝国大学の講師になっている。小泉八雲の名で有名なラフカディオ・ハーンの後任として雇われた三人の講師の一人だった。他の二人は、『海潮音』などの翻訳で有名な上田敏と外国人講師だった。年長の日本人で授業時間も多かった漱石は、英文科の代表者と見なされたと考えられる。また、漱石が入学したときには一名だけだった英文科の学生も、その頃には各学年十名以上となっていた。

ところが、四月に講師として赴任した漱石は、夏には学長に辞職を申し出ることになる。前任のハーンは学生からの人気が非常に高い講師だった。しかし、大学には、高額だったハーンへの報酬を新たに雇った三人の講師に振り分け、同時に教育体制を整える意図があったようである。そして、ハーンの後任として迎えられた漱石の講義は堅苦しく、学生からは不人気なものだったようである。そのため、彼は辞職の意を伝えるほど追い込まれていたわけだが、学長には全く取り合ってもらえなかった。

そこで、ある意味では開き直って、九月から始めたのが『文学論』の内容に相当する講義だった。『文学論』はいきなり、次のような科学論文まがいの文章で始まる。

凡《およ》そ文学的内容の形式は（F＋f）なることを要す。Fは焦点的印象または観念を意味し、fはこれに附着する情緒を意味す。

人のこころを認知と情動に大別するのは、いまでも心理学がとっている基本的な方法である。漱石のいうFは認知を、fは情動を意味すると考えてもいいだろう。漱石は、人の心の働きはFのみの場合とF＋fの場合とfのみの場合があるが、F＋fの形を表したものこそが文学なのだという。そして、Fの変化はfの変化を生み出す。それを表す方法の数々を理路整然と説明していこうとするのである。

漱石の論は、分類に分類を重ね、細部に至るとそれらを関連づけていく。科学としては至極まともな方法だが、文学らしくはないやり方である。『文学論』の全体的な構成は次のようになっている。

第一編　文学的内容の分類
第二編　文学的内容の数量的変化
第三編　文学的内容の特質
第四編　文学的内容の相互関係
第五編　集合的F

このような構成にもとづく講義が「英文学概説」という名のもとに二年間おこなわれたのである。聞く方は、異国のことばや文学にあこがれて入ってきた学生である。しかし、講師の方は、文学というものの普遍的な形を科学的に解明しようとしている。個々の概念に相当する表現例として英文学の作品が多く引用されてはいるが、全体の構成にとって英文学は関係ない。学生たちに講義が不評だったのはうなずけるところである。しかし、一方、このような講義を二年間やり通すところは、漱石がやはり破天荒であり、「親ゆずりの無鉄砲」だったことを表しているのではないだろうか。

亀井俊介は『文学論』（岩波文庫版）の解説の中で「『文学論』は漱石のすべての著作のなかで、読まれることの最も少ない本であり続けてきた」と述べている。科学的な装いの論の構成に加えて、文語調の文体で書かれていることも読者を遠ざけたのだろう。しかし、それは、読まれることが最も少なかったにもかかわらず、漱石が生涯で最も時間をかけて取り組んだ仕事だった。

当時、漱石は「英文学概説」に加えて英語講読も担当し、さらに第一高等学校での英語講師も兼任していた。さらに、帰国二年目には明治大学講師まで兼任していたのである。講義以外の時間は、ロンドン留学のときと同じく、書斎に籠もる日々を続けており、「神経衰弱」が再発した時期でもあった。そして、親友だった米山保三郎と正岡子規も、漱石の留学中にすでに死亡していた。漱石は、またもや孤独の中にいたのである。

けれど、漱石には家庭があり、妻と子がいたではないか、と反論されそうだが、この頃、彼の家庭生活は破綻していた。外で抑え込んでいた苛立ちが家の中では抑制がとれて爆発し始めたのである。漱石の当時の様子について、鏡子夫人は次のように述べている（夏目鏡子一九九四）。

夜中に何か癪にさわるのか、むやみと癇癪をおこして、枕と言わず何といわず、手当たりしだいのものをほうり出します。子供が泣いたといっては怒り出しますし、時には何が何やらさっぱりわけがわからないのに、自分一人で怒り出しては当たり散らしております。

その後、夫人は、面と向かって「里に帰れ」といわれるようになったので、「一時子供を連れてどいてみること」にするのである。そして、二か月後に漱石のもとに戻ったあとも、離婚話が時々生じていたのである。

漱石の天才論

このような状況の中で大学で講義され、数年後に学生のノートを元に修正を加えて出版されたのが『文学論』である。この「読まれることの最も少ない本」が注目に値するのは、それが漱石という小説家が誕生する直前の産物であると同時に、そこに漱石自身が考えた天才論が書かれているからである。その論の概略は次のようなものとなる。

先に述べたように、漱石は人間の心理をF（焦点的印象）とf（情緒）から成るものとして『文学論』を語り始めた。ところで、このFは個人の内部で生じるだけでなく、各時代を生きる人々の意識の中にも集合的な形で生じる。それが『文学論』第五編で述べられる集合的Fである。そして、この集合的Fは三種の形で現れ、それぞれを体現する人物を生み出す。すなわち、模擬的F、能才的F、天才的Fである。これら三種は、集合的Fの変化の到達点を感知する速度の違いによって区別される。模擬的Fは大衆を模倣し、大衆と同じ速度でそれを感知する。能才的Fは「大衆に先だつ事十歩二十歩」であり、大衆を先導する働きをもつ。これに対して、天才的Fは能才的Fのさらに先を行く。しかし、人々が感知する集合的Fの外で活動するため冷遇されることが多いのである。

三種の意識を漱石自身のことばを引用して表すと次のようになる。

（一）模擬の意識は数において尤《もっと》も優先なり。故に利害の関係上尤も安全なり。但し独創的価値をいへば殆《ほとん》ど皆無なり。

（二）能才の意識は数において（一）に劣る事多し。然れどもその特性として、（一）の到着点を予想して一波動の先駆者たるの功あるを以て概して社会の寵児たり。利害より論ずれば固《もと》より安全なり。但しその特色は独創的といはんよりはむしろ機敏と評するを可とす。

（三）天才の意識は数において遠く前二者に及ばず。かつその特色の突飛なるを以て危険の虞《おそれ》最も多し。多くの場合においてその成熟の期に達せざるにあつて早く俗物の蹂躙する所となる。

ここで述べられているように、天才はFの到着点を感知する速さと同時に、もうひとつの特性をもっている。それは物事を捉えるときの特有の視点で、そこに着眼されているものを漱石は核と名づけている。しかし一方で、天才は、この核に過度にこだわり、核以外の事柄には無頓着であるため、人々からは「一種の神経病者」と見なされてしまうのである。にもかかわらず、天才は「頑愚」なまでに、この姿勢をくずそうとしない。

漱石の天才像は、『文学論』と格闘していた頃の彼自身に重なるところが多かったと思われる。論の中で、ほとんどの天才は存命中に評価されることがないと述べているが、それを彼自身の運命とも感じていたのかもしれない。

漱石の天才論は、数ある天才論の中でも優れたものである。これまで多くの天才論が世に出ているが、そのほとんどは漱石のこの論のあとである。また、天才と能才を区別しているところはユニークであり、また重要であるので、この本の「まとめ」である8章で再び取り上げてみたい。

一挙に花開いた小説世界

ところで、漱石が苦悩の底にあった講師生活二年目の初夏に、彼の家に生まれて間もない子猫がまぎれ込んできた。灰色の猫で、何度つまみ出しても入ってくるのだった。そこで、鏡子夫人が漱石に相談すると、「そんなに入って来るんならおいてやったらいいじゃないか」と、猫の身の上に同情する答えが返ってきた。そこには、生まれてすぐに里子に出された彼自身を重ねる気持ちがあったのだろう。

これが漱石の最初の小説『吾輩は猫である』誕生のきっかけになった。彼は、この猫を主人公に見立てた小説を書いて『ホトトギス』に載せたのである。『ホトトギス』とは正岡子規が創刊した俳句を中心とした文芸誌で、高浜虚子が編集を引き継いでいるものだった。漱石の神経衰弱を気にかけていた虚子は、気分転換のために何か軽いものをそこに書くようにすすめていたのである。『ホトトギス』に載った『猫』(漱石自身、題名を略してこう呼んでいた)は好評を博するものになった。一回きりの掲載のつもりが十一回にわたる連載となり、『猫』が載らない『ホトトギス』の号は極端に売れ行きが落ちるほどになった。

『猫』の原稿は、雑誌に載る前に「山会」という文学者の集まりで披露されている。『猫』の内容に皆が笑い、漱石自身も笑い出したとのことである。すでにこの段階で、この作品は彼の神経衰弱を解消する効果があったといえるだろう。

小説の題名について、漱石自身は『猫伝』にするか『吾輩は猫である』にするか迷っていた。これに対して、後者にすべきだと直ちに答えたのも虚子だった。この小説が日本人の誰もが知る名作となったのには、題名の面白さも関係していると考えられる。この点で、高浜虚子は、漱石という才能が世に出る上で重要な支援者としての役割を果たしたといえるだろう。

漱石は、『猫』を書き始めた翌年には、『坊っちゃん』『草枕』『二百十日』と、堰を切ったように小説を書き続けている。この時期の漱石の様子について、鏡子夫人は次のように述べている（夏目鏡子　一九九四）。

書いているのを見ているといかにも楽しそうで、夜なんぞもいちばんおそくて十二時、一時ごろで、たいがいは学校から帰ってきて、夕食前後十時ごろまでに苦もなく書いてしまうありさまでした。何が幾日かかったか、今そんなことをはっきり覚えておりませんが、『坊っちゃん』『草枕』などという比較的長いものでも、書き始めてから五日か一週間とはでなかったように思います。

漱石は『猫』を書くまで小説には手を出していないように見える。それまで『ホトトギス』などの雑誌に俳句や漢詩や随筆を載せていただけである。それが、いきなり、『猫』のような長編小説である。ほとんどの小説家が短編を書きながら小説修行を開始するのに対して、これは異例のケースである。では、漱石はなぜ突如、小説家になることができたのだろう？

第一に、小説を書くことは、英語でも英文学でもなく、彼の本意である文学そのものに打ち込める行為だったから、という理由が考えられる。彼は『文学論』を書きながら貯えた知識の片鱗を『猫』の登場人物である苦沙弥先生や迷亭や寒月など変人の視点を通して面白おかしく語ってみせたのである。

第二に、それは、彼の『文学論』を書く以前からの経験、俳句や漢詩を作ることや、寄席にしばしば足を運び落語を聞いたことを生かせる場所だった。ちなみに落語については、その語り口が、当時の小説における文語体から言文一致体への変化に大いに貢献したといわれている。その流れの先駆者である二葉亭四迷は、円朝の落語から学べ、と常々語っていたそうである。『猫』の中のテンポのいい会話や視点の切り替えなどには落語の技法が取り入れられていると考えられる。

妄想癖と創作活動

しかし、これらに加えて第三の要因があったと思われる。それは例の「神経衰弱」である。漱石は『文学論』の序の中で次のように述べている。

帰朝後の余も依然として神経衰弱にして兼狂人のよしなり。……（中略）。ただ神経衰弱にして狂人なるがため、『猫』を草し『漾虚集《ようきよしゆう》』を出し、また『鶉籠《うずらかご》』を公にするを得たりと思へば、余はこの神経衰弱と狂気とに対して深く感謝の意を表するの至当なるを信ず。

「神経衰弱」とは、統合失調症とも、神経症とも、うつ病ともとれるもので、いまでは精神医学で用いられていない概念である。そして、これまで複数の精神医学者によって、漱石の「症状」は統合失調症とも、神経症とも、うつ病とも解釈されてきた。実際、これらの疾患は重複する場合も多く、また症状の軽重があるため、正常と異常の境目が明確でない。漱石の場合は、家では「狂気」を現してしまうが、外では「正常」に振る舞うことができた。正常と異常のあいだをさ迷っていたのである。

漱石のこころに特定の疾患名をつけることに大した意味はない。むしろ注目すべきは、こころの偏りによって、しばしば妄想にとりつかれていたことであり、それが彼の創作活動に関係していたと考えられることである。

鏡子夫人は夫の妄想癖について次のように述べている（夏目鏡子　一九九四）。

どういうわけかもちろん自分の頭の中でいろいろなことを創作して、私などが言わない言葉が耳に聞こえて、それが古いこと新しいことといろいろに連絡して、幻となって眼の前に現われるものらしく、それにどう備えていいのかこっちは見当がつきません。

ここには、妄想だけでなく、幻覚や幻聴を疑わせる記述まで含まれている。このような症状は、若い頃には、見初めた女性の母親が自分のところに使者や探偵を差し向けているはずだ、と思い込む形で現れていた。また、大学講師となってからは、自宅の前の下宿にいる書生を学生の振りをした探偵と思い込み、「おい、探偵君、今日は何時に学校へ行くかね」などと何度も声をかけたとのことである。

思い込みもここまでくると、現実との調整を欠いて、まさに妄想の域に入っている。しかしこれは、1章から何度か触れている、「思念が脳内で自動走行してしまう」傾向が極端に現れたもので、天才によく見られる特性であると考えられる。漱石による小説世界の創造も、本書で取り上げてきた天才たちによる発明・発見も、無から有を生むような活動である点では共通している。すべて、これまで世になかったものを新たに生み出していく活動である。それらは「こうかもしれない」「このようなこと（またはもの）もありうる」という思いつき、あるいは仮説から出発している。つまり、世界を自分の思考の枠組みの方に引き寄せてゆく活動であり、ピアジェのことばでいえば同化優位の状態である。しかし、それらの思いつきを現実と照合し、検証してゆくことで（同じくピアジェのことばでいえば調節）優れた作品や理論が生み出されることになる。しかし、いずれにしても出発点は思いつきや思い込みであり、漱石の場合のように、それが「調節」を欠いた状態で暴走してしまうこともあるのである。

しかし、漱石は、そのような常軌を逸した自分の姿に気づいてもいた。それを苦沙弥先生や迷亭などの変人の姿とし、それをはたから見ている猫の視点で皮肉を込めて描いたのが『吾輩は猫である』だったのである。

わずか十年の作家生活

この『猫』を書き始めるまで、漱石は「いやだいやだ」と妻にこぼしながらも、大学と高等学校にほとんど無遅刻無欠勤で出勤していた。しかし、小説を書き始めると、そのような勤務状態を維持することはむずかしくなってきた。ちょうどそのとき、朝日新聞から連載小説を書くことを条件に入社の誘いがあったのである。月給二百円で二回のボーナスという報酬の額は教員として得ていたものよりも高額だった。彼はこれを受諾して、講師の職を辞した。漱石四十歳のときである。

漱石は、また、出版界に特別待遇で迎えられた。小説が本として出版されると、一割以上の印税を得ることができたのである。これは、当時としては異例のことだった。それまでは、著者に、最初の印刷のときだけ原稿料を支払うのが通例だったのである。高額の給料と安定した印税収入は、漱石がそれまで大学講師だったことに見合うものとして定められたと考えられる。漱石が小説家になったことは、作家というものの社会的地位を上げる働きをしたのである。それは、作家が「先生」と呼ばれるようになったことにも関係しているだろう。その意味で、漱石は、わが国において、初めて職業作家として成功した人物である、ということができる。現に、職業作家としての漱石にあこがれて多くの門下生が集まり、芥川龍之介や鈴木三重吉のような作家が巣立っていったのである。

職業作家になってからの十年間に、漱石は『虞美人草』『坑夫』『三四郎』『それから』『門』『彼岸過迄』『行人』『こころ』『道草』『明暗』と、十編の長編小説を書いた。『猫』や『坊っちゃん』では、変人や未熟な若者の視点を通して当時の世相を面白おかしく描いたが、その方法だけを続けるわけにはいかない。その小説スタイルは、次第に成熟した大人の視点によるものになっていった。鏡子夫人によると、その筆の運びは『猫』や『坊っちゃん』のときのようになめらかでなかったようである。

漱石の小説には様々なものが描かれているが、そこでは一貫して、本意と不本意の対決という、彼が幼時から抱えていたテーマが中心になっているように思う。たとえば、『それから』『門』『こころ』では、友人と自分と女性という三角関係の中でそれが描かれている。不本意ではあるが、女性を友人に譲るべきか、あるいは本意にもとづいて得るべきか。結局本意に従って行動した主人公たちは、結果として与えられた苦悩を背負うことになるのである。また『道草』では、不本意ながら養父に与えてきた金を本意にもとづいて打ち切ることにするのだが、ともかくも幼時の自分を育ててくれた養父の恩を裏切ることに苦悩するのである。

明治の日本人は、急激な欧風化と社会変動の中で、様々な形での本意と不本意のあいだの苦悩を経験していたはずである。漱石が用いた小説という方法は、それらの人々のこころを代弁するのに最も適したものだった、ということができるだろう。漱石は、様々な意味で時代を背負う作家だったのである。

だが、職業作家としての生活は漱石の体を痛めつけた。早くからの胃潰瘍に加え、痔や糖尿病も伴って、大正五年（一九一六年）、彼は四十九歳の若さでこの世を去ることになった。

漱石の俳句に次のようなものがある。

菫程な小さき人に生れたし

この句が詠まれたのは、熊本の高等学校の教師時代である。その頃の彼にはまだ、東大講師となった後に職業作家になるという、具体的な未来は見えていなかったはずである。しかし、この句は、将来背負うべき仕事の大きさと、それが生み出す苦悩をどこかで予感していたことを感じさせるものである。

6章

アルベルト・アインシュタイン

アインシュタインは、科学に全く関心のない人でもその名を知る天才的物理学者である。しかし、その幼児期は人とほとんどコミュニケーションすることができない子どもだった。それがどのようにして物理学の革命を起こすほどの人物になったのか。その過程をたどっていくことにしたい。

なかなかことばを発さない子ども

アルベルト・アインシュタインは、一八七九年三月一四日にドイツのウルムで、父ヘルマンと母パウリーネのあいだに生まれた。その二年後には、妹マヤが生まれている。

父は、子どもの頃、数学が得意な生徒だったそうだが、経済的な理由で、早くから様々な仕事につかなければならなかった。ウルムでは寝具を売る仕事をしていたが、アインシュタインが一歳のときに会社が倒産したためミュンヘンに移り、弟ヤコブと共に電気会社を興すことになる。

母は教養ある女性で、音楽的素養があり、ピアノの名手だった。そのため、彼女は息子に音楽的な影響を与えるようになる。アインシュタインが後にバイオリンを愛好し、常に携えていたのはそのためである。

しかし、両親は、幼いアインシュタインについて大きな悩みを抱くことになった。二歳を過ぎても一言もことばを発さないのである。そして、四歳になったときも、ことばはわずかだった。その間、両親は多くの医師に息子を診てもらうことになった。しかし、特別な異常は発見されなかった。結局、彼は十歳頃まで人とまともに会話することができなかったのである。

では、この時期、彼は何をしていたのかというと、延々と積み木遊びなどをしていることが多かったらしい。また、トランプカードで家を作ることにも熱中し、何度こわれても苦にせず、ついに十四階建てのカードの家を作ってしまったそうである。妹のマヤは二歳年下だから、ことばについては早くから彼を追い越し、そのことが両親の不安をさらにかき立てたはずである。

実は、この間の経緯は、自閉症の場合に非常によく似ている。自閉症スペクトラムと診断される子どものうち半数ほどは言語獲得が非常に遅れる。また、積み木やカードや機械など、人以外のものとの係わりが多くなるのである。自閉症という疾病概念が成立したのは一九四三年だが、もしこの概念がもっと早くから用いられていたら、アインシュタインは自閉症と診断されただろう。

もしアインシュタインが、このまま、ことばを使えないままだったら、彼の理論は世に現れなかったことになる。理論というものは、やはり、ことばによって表されるものだから。しかし、もし、彼が普通どおりの言語発達のルートをたどったとしたら、その場合も、やはり、彼の理論は世に現れなかったかもしれない。というのは、この、ことばがない時代に、彼特有の思考パターンが作られたと思われるからである。

物の見方やイメージの作り方は人によって異なるものである。しかし、その違いを、ある程度、無視して、強引に、お互いのあいだで照合できる形を作ったのが言語である。たとえば、「いぬ」ということばを聞いて、人はそれぞれ違う「いぬ」を思い浮かべる。そこで、「レトリーバー」と、特定の犬種の名にしたところで、範囲を狭めただけで、個々の人が抱く「いぬ」のイメージにはたどり着けないのである。

ことばは、1章で述べたように、人と人が、ある場所や物に共同の注意を向けるところから始まる。しかし、アインシュタインは、すでにここに問題があり、人と異なるところに目を向けやすい性質があったと考えられる。彼は他の子どもと遊ばず、一人夢想にふけることが多い少年だったらしい。しいていえば、妹のマヤだけが彼の友だちだったのである。

後にアインシュタインは、「私はことばでものを考えることがほとんどない」といっている。また、「おくてだったから相対性理論を発見できた」とも。さらに、「イマジネーションは知識より重要」とも述べている。つまり、ことばに置き換えることがむずかしいイメージを、そのままの形で内部に貯える習慣を早くから作っていたと考えられるのである。

だが、やがて、彼と周囲の人々を結びつける、ことば以外の方法が現れた。それは、母が習わせてくれたバイオリンである。彼は後に「音楽のコードは数のパターンに似ている」といっている。通常のことばよりも数が少なくシンプルな構造をもつ、音や数の記号を通して、彼は自分の中のイメージの世界を整理し始めたのだろう。

方位磁石のとりこになる

アインシュタインは、一部の伝記作家が書いているように、成績の悪い生徒ではなかった。特に数学と科学については、いつもトップクラスの成績だった。しかし、命令に従うのが嫌いで、教師からは怠け者と見なされ、叱られることが多かった。彼は授業を聞くのが好きでなく、この傾向は小学校から大学まで続いた。彼は自分の思考の流れに夢中になりやすく、それを教師が作る授業の流れに合わせにくかったのだろう。そのしくみは、4章のエジソンの学校生活のところで示した図式（図14）に当てはめることができるものである。

通常の人は、他の人が与える刺激によって思考が活性化することが多い。それが途絶えると、思考は半休止状態に入る。まして、目の前に思考を活性化するための材料が全く与えられていない状態では、思考は停止し、眠り込んでしまうこともあるだろう。しかし、アインシュタインには、物がなくても夢想してしまう癖が早くからできていたようである。人から見れば、それはただボンヤリしている状態にすぎないのだが。

後にアインシュタインが研究分野にすることになる理論物理学では、思考実験というものが必要になる。実験装置も実験対象もその場にない状態で、頭の中だけで実験を進める方法である。脳内のイメージだけで遊び続けることが多かった、幼少期のアインシュタインに作られた特性は、この思考実験を進める上で大いに役立ったと思われるのである。彼は、特に思考実験を大切にする物理学者だった。

とはいえ、思考を生み出す実物が全くない状態がずっと続いたのではイメージは発展しない。小学校時代のアインシュタインの思考をとりこにしたのは、父からもらった方位磁石だった。彼は、この方位磁石で遊び続けた。磁石の針は基盤をどの方向に動かしても、どこに持って行っても、北を指し続ける。彼は、この世界に作用している見えない力に興味をもち始めたのである。

それから、授業を聞くのが嫌いなアインシュタインがとったもうひとつの方法は、本を読むことだった。本は授業と違って、自分が興味をもつことを、自分のペースで学ぶことを可能にしてくれる。彼が熱心に読んだのは、ベルンシュタインの『みんなのための自然科学』という本だった。そこには、光の速度や自然界の隠れた法則のことが子ども向けにわかりやすく書かれていた。まさにアインシュタインの人生の方向を決定した本ということができるだろう。このように、人生の早い時期に重要な本に出会ったところはエジソンにも似ている。

また、これと前後して彼が出会ったもう一つの本は、ユークリッドによる幾何学の本だった。幾何学については、父の会社の共同経営者だった叔父のヤコブからも直接学ぶことができた。叔父は、その後も、アインシュタインに多くのことを教えてくれた支援者だった。

ただ、親族以外の人に対しては、彼は自分をうまくコントロールできない少年だったようである。怒って、クラスの他の生徒に物を投げつけることがよくあった。また、バイオリンの先生にまで椅子を投げつけたことがあったそうである。

居場所がなかった軍隊式の中学

中学校に入ると、アインシュタインの前には様々な困難が待ち受けていた。当時のドイツの中学校は軍隊式だった。軍隊式の制服を着せられ、軍隊式の行進をさせられた。幼い頃から、他の子どもたちがする兵隊ごっこやスポーツが嫌いだった彼には全くなじみにくい場所だったのである。

また、授業についても、彼はうまく適応することができなかった。一番後ろの席に座って授業を聞かない彼は、敬意を払わない生徒として教師に怒られた。また、授業を聞きだすと、教師におびただしい質問を浴びせた。しかし、質問することは彼の学校では禁止されていたのである。

当時、彼は独学ですでに多くのことを学んでいたはずである。彼には、学校の勉強は退屈だったに違いない。ちょうどその頃、アインシュタイン家には、マックスという医学生がよく出入りするようになっていた。マックスは、彼に多くの本を貸してくれた。そして、まだ十代のアインシュタインの中に大きな才能が潜んでいることを認めてくれた。マックスは後に「アルベルトの数学的才能の飛躍はものすごかったので自分にはついていけなくなった」と記している。つらい中学校時代、マックスは彼にとってこころの支えだったに違いない。つまり、アインシュタインという才能が生まれるための支援者だったといえる。しかし、マックスは、アインシュタインが十五歳のときにアメリカに移住してしまった。

この年、一八九四年は、アインシュタインにとって大きな転換をもたらす年となった。彼の父は事業に失敗し、妻と娘を連れて北イタリアに移住して、弟のヤコブと共に電気会社を経営することにしたのである。アインシュタインは中学校を卒業するために一人ドイツに残ったのだが、相変わらず教師との関係はうまくいかなかった。教師は自分が答えられないようなむずかしい質問を投げかけてくる彼を他の生徒に悪影響を与える者と見なすようになった。結局、彼は、中学を退学せざるをえなくなり、家族を追ってイタリアに向かうことになる。

イタリアを経てスイスへ

アインシュタインの家族は、イタリアではまずミラノに住み、次にパヴィアという山間の小さな町に住むことになった。彼は父と叔父が経営する電気会社の手伝いをし、そこで磁石や電気について多くを学ぶことができた。父は彼が技師になることを望んだが、彼自身は、その頃すでに数学か物理の教授になろうと思い始めていた。

教授になるためには、まず大学に入らなければならない。しかも、それは彼が話すドイツ語が通じる土地にある大学である必要がある。けれども、彼はもう、ドイツに戻る気持ちにはなれなかった。そこで、彼が選んだのは、スイス連邦工科大学だった。この大学はスイスの中でもドイツ語圏であるチューリッヒにあり、中学を卒業していれば無試験で入学することができた。しかし、彼は中学を退学している。そこで、試験を受けたのだが、数学と物理以外の科目、特に語学の成績が悪くて不合格になってしまった。

そこで彼は、チューリッヒの近くのアーラウという町の中学校に入り、卒業のために必要な勉強をすることになった。その学校はドイツの中学と異なり、生徒が質問することを許してくれた。教師と生徒は自由に話をすることができ、自由に勉強することを認めてくれた。

アインシュタインは、学校ばかりでなくスイスの土地柄とそこに住む人々の人柄も気に入った。そして、ドイツ国籍を捨て、スイス人になることを決意するのである。彼はまた、よく山歩きをするようになった。そして、自然の中で、物理世界についての思考を発展させた。彼は後に当時を振り返り、「私は田舎で一人きりで過ごすことができ、静かで単調な生活がいかに創造的な思考に刺激を与えてくれるか気づくようになった」と述べている。

アーラウの中学を卒業すると、アインシュタインは予定通りスイス連邦工科大学に入学することができた。彼はここで、重要な友人たちに出会うことになるのだが、相変わらず、授業を聞くのはあまり好きではなかった。授業を休むことも多く、一人図書館で過ごす時間が長かったようである。そのため、卒業のための単位を取ることも危うい状態になってしまった。

しかし、そこに支援者となる学友がいた。マルセル・グロスマンという名で、生涯の友となる人物だった。グロスマンはアインシュタインと違って、きちんとノートをとる学生だった。アインシュタインは、そのノートを見せてもらい、試験に備えることができた。彼は、この大学で、グロスマンを始めとする親友といえる人々に人生で初めて巡り会うことができた。その中には、物理と数学を専攻する学科の中ではただ一人の女子学生だったミレーヴァも含まれていた。この学生は、後にアインシュタインの妻となる女性である。

ただ、大学卒業後の進路に関して、アインシュタインは大きな困難に直面することになる。彼の友人たちの多くは、卒業後、大学に助手として採用されることになったのだが、彼だけは残ることができなかったのである。その理由は、彼が教員からの評判がよくなかったところにあったようである。彼自身は、物理実験の担当教授だったハインリッヒ・ウェーバーの助手になろうと思っていた。しかし、ウェーバーは、かつて彼に対して、「君はとても賢い。しかし、ひとつ大きな欠点がある。それは人の話を聞かないことだ！」と言い放った人物である。自分のいうことを聞こうとしない青年を助手にしたいと思わないのは当然の結果かもしれない。

スイス特許局に七年間勤める

だが、アインシュタインには、すぐに職について収入を得なければならない理由があった。彼の父親の会社の経営がうまくいっていなかったのである。大学時代も、親からでなく、ドイツの親戚から仕送りをしてもらっていたという状況だったのである。

彼は、職業学校の臨時教師や家庭教師をすることで、その場をしのぐことになった。しかし、なんとかして定職につかなければならない。そこに救いの手を差し伸べてくれたのは、またしても、あの、学生時代にノートを見せてくれた、マルセル・グロスマンだった。グロスマンの父親の友人がベルンの特許局の長官をしていたのである。アインシュタインは、工学の知識が不足していたけれど、長官は彼を三級技官として採用してくれた。それは彼の父が亡くなったのと同じ年であり、彼が二十三歳のときだった。

アインシュタインは、結局、この特許局に七年間勤めることになる。勤め始めてまもなくミレーヴァと結婚し、翌年には長男のハンスが生まれている。また、彼の主要な研究論文が相次いで発表されたのも、この特許局に勤務中のことだった。

彼は特許局の仕事が嫌いではなかった。出願されてくるアイディアが本当に新しいものか、また、根拠のあるものなのか、を見極めるのは彼の性分にあった仕事だったようである。彼は、形式ばったことや権威主義的な考え方が嫌いだった。その点、特許出願とその認可という業務は、目的がはっきりしていて、理屈通りに物事を進めればいい仕事だったといえるだろう。彼は、出願者の地位や経済力に左右されずに、きわめて公平に審査を進めていたようである。そして、担当する案件について結論を下すと、後の時間は自由に思考を巡らすことができた。

この時期がアインシュタインにとって重要だったのは、物理学について自由に語り合うことのできる友人たちをもっていたことである。彼は頻繁に友人たちと会合をもち、物理学と周辺の学問領域について議論することができた。その場は「ベルナー・アカデミー・オリンピア」と名づけられ、彼らにとってメッカ的な存在となっていった。先に述べたように、アインシュタインはことばによってものを考えることが少ない人物だった。しかし、この会合での友人たちとの討論では、自分の内部のイメージをことばに変えて皆に伝えなければならない。彼は、この会合が始まってまもなく、物理学の常識を覆すような論文を続々発表することになる。そのとき、頭の中のイメージを人に伝えるためにことばに変えていくという、この会合の中での経験が大いに役立ったと考えられる。また、この会合に出てくる友人たちは、アインシュタインの発することばを理解してくれる数少ない人々だったといえるだろう。

奇跡の年

アインシュタインは、特許局に勤め始めてから三年目、一九〇五年に五つの論文を立て続けに発表した。その内容はいずれも、それまでの物理学の常識を覆すものであり、この年は後に「奇跡の年」と呼ばれるようになる。

その内容はまた、「驚異の年」と呼ばれた一六六五年から翌年にかけて、ニュートンが発見した三大法則を揺さぶるものでもあった。ニュートンは、物理学の理論を構築するにあたって、絶対時間と絶対空間というものを想定していた。この揺るぎない時間と空間の中で物体は運動し、引力をもつと考えた。しかし、アインシュタインは、物体の運動が高速に近づくと、時間も空間も縮まることを発見したのである。つまり、時間も空間も、より大きな視点で捉えると相対的なものになる。これが、彼の理論が相対性理論と呼ばれる理由である。

しかし、この年に発表された彼の論文はさらに多くの内容を含むものだった。実はそれまで原子や分子については、その存在が仮定されてはいても、それを実体として示すのはむずかしいものだった。だが、アインシュタインは論文の中で、それらの大きさや質量が計算可能であることを示したのである。また、光が粒子であることを明らかにし、波か粒子かという、それまで長いあいだ続けられてきた議論に決着をつけたのである。アインシュタインというと、いまでは相対性理論という名とだけ結びつけられやすいが、当時注目されたのはむしろこれらの研究だった。

また彼は、この奇跡の年の二年後には、質量とエネルギーの関係式、$E = mc^2$ を発表している。Eはエネルギー、mは質量、cは光速を意味し、質量が莫大なエネルギーに転化することを示したのである。

なぜ、アインシュタインは、特許局職員としての仕事のかたわら、このような大発見をすることができたのか？　その理由を突き止めることはむずかしい。しかし、これらの論文を読んだ人々の多くが想像したように、もしこのとき彼がどこかの大学の教授だったとしたら、このような発見をすることはできなかったのではないか、と考えることもできる。物理学のような、歴史的に体系づけられてきた学問では、まず、その全体像を、できあがった形として学生たちに説明していく必要がある。しかし、当時アインシュタインがしていたのは、それまでの理論を否定し、書き直していく仕事だった。彼は大学教授でなく、特許局の一隅にいる名もない職員だったからこそ、自由な発想にもとづく発見をすることができた、と考えられるのである。また、特許出願も研究論文も、アイディアの新しさを示すという点では共通しているので、それが彼に自分の考えをアピールする術を与えた、ということもできる。

アインシュタインの論文に最初に価値を見出したのは、ドイツの有名な物理学者、マックス・プランクだった。プランクは、アインシュタインの光量子説のもととなる研究をしていた人物であり、また、後に、アインシュタインの時間・空間に関する新しい考えに「相対性理論」という名を与えた人物でもあった。プランクは、この物理学の革命児がどのような人物なのか、自分の研究室で働いていたマックス・フォン・ラウエに会いに行くように命じた。ラウエはアインシュタインが働く特許局に到着したとき、危うく彼の姿を見過ごしてしまうところだった。着古した服に緑色のサンダルをはいたその姿は、とても優秀な物理学者には見えなかったからである。この緑色のサンダルはアインシュタインのトレードマークのようなものとなっていて、ベルンの町でそれをはいた人を見かければ、顔を知らなくても彼だとわかったほどである。

アインシュタインは身なりに気を遣うのが嫌いだった。それよりは思考の方に意識を集中したかったのだろう。また彼は、驚くべき忘れ物の名人だった。アパートの鍵をたびたびどこかに置き忘れ、新婚の当日にさえ、それをなくして新妻と共に家に入れなくなったほどである。そして、鞄をなくし、食事をとるのを忘れ、しおりの代わりに紙幣を挟んでおいた本をなくした。つまり、それだけ、自分の思考の方に没頭しやすかったのである。だから、忘れ物の多さは、思考の集中度の高さの表れであり、彼は、そのような状態を作る才能をもっていたともいえるのである。

再びドイツに

アインシュタインは、五つの論文を発表したあと、特許局に勤務するかたわら、各地の大学で私講師と呼ばれる仕事をするようになった。そして、三十歳のときに特許局をやめ、チューリッヒ大学の教授になるのである。また、この翌年には、次男、エドゥアルドが生まれている。

アインシュタインが名声を得るようになると、彼の出生地であるドイツは、自国の名誉のためにも、この天才的物理学者を呼び寄せたいと考えるようになった。ドイツは物理学が最も進んでいる国であり、また、彼の論文にいち早く注目し、評価してくれたマックス・プランクがいる土地だった。彼にはプロシア・アカデミーの正会員とベルリン大学教授の地位が用意された。ドイツは、彼がかつて、二度と帰るまいと決意した国だった。しかし、結局、一九一三年、彼が三十四歳の年に、招きに応じてドイツに移ることにしたのである。

しかし、これには妻のミレーヴァが猛反対だった。彼女は当時、ドイツの勢力圏だったハンガリーを逃れてスイスに来たという事情があった。彼女にとって、ドイツは絶対に行きたくない国だったのである。だが、アインシュタインは、妻と二人の息子を残してドイツに旅立つことにした。そして、一九一九年、四十歳のときに、ミレーヴァとは正式に離婚している。その頃、アインシュタインが近いうちにノーベル賞をもらうことは確実視されるようになっていた。その賞金をすべて与えることが離婚の条件だったのである。また、彼は、この同じ年に、ドイツに来てから親しくなった、いとこのエルザと再婚している。そして三年後に、彼は予想どおりノーベル賞をもらい、賞金をミレーヴァに与えているのである。

この間、アインシュタインの理論には、さらなる発展があった。一九〇五年に発表した相対性理論は、等速直線運動という制限のもとでのみ成り立つものだった。そのため、これは特殊相対性理論と名づけられ、新たにどの条件でも成立する一般相対性理論が目指されたのである。ただし、この理論を確立するには、この問題に対応することができる数学による証明が必要だった。このとき援助の手を差し伸べてくれたのも、大学卒業や就職について支援者となったマルセル・グロスマンだったのである。グロスマンはリーマン幾何学を用いることを提案し、アインシュタインはそれに従うことで理論を完成させたのである。

アインシュタインが後に語っていることだが、彼は少年時代から、光線を追いかける人と、落下するエレベーターの中に閉じこめられた人の問題に頭を悩ましていたそうである。そして、前者からは特殊相対性理論が、後者からは一般相対性理論が生まれたのだという。彼は数十年にわたって繰り返された、このような思考実験と数学によって理論を構築したわけだが、直接、実験や観察に携わることは少なかった。

だが、彼の理論が正しいことを人々に納得してもらうには、実際の物理現象が彼の考えの通りに起きていることを示す必要がある。そこで彼が目をつけたのは日食という現象だった。光が粒子であり、重力をもつものなら、星からの光は、太陽という巨大な重力のそばを通過するとき、進行方向を変えるはずである。しかし、通常の太陽の状態では、多量の光が存在するために、周辺の光を正確に観測することができない。そこで、日食の際の観測が必要になったのである。

彼は各国の天文学者に皆既日食のときの光の観測を依頼した。それに応えてくれたのがイギリスのエディントンだった。彼は苦労の末、一九一八年にアフリカで日食の撮影に成功した。また、一九二二年には、アメリカのキャンベルがオーストラリアで日食撮影に取り組んでいる。キャンベルの目的はアインシュタインの理論を否定することだったにもかかわらず、結果は彼の理論通りのものだったのである。

これらの結果により、アインシュタインの天才物理学者としての名声は不動のものとなった。彼は、日本も含め、世界各地を講演して回る有名人となっていくのである。

二つの看板を背負った晩年

しかし、時を同じくして、ドイツでは、彼が子どもの頃から大嫌いだった軍国主義が力を増していった。ヒットラー率いるナチス党が政権をとり、ユダヤ人への迫害を始めると、アインシュタインもその標的になるのである。

一九三三年、五十四歳のとき、アインシュタインは滞在先のアメリカからドイツに戻ることができなくなってしまった。彼は政府から危険人物と見なされるようになり、逮捕寸前の状態にあった。そこで、彼はアメリカに亡命し、プリンストン高級研究所の教授に就任したのである。

その後のアインシュタインは、激動の時代の渦中に入ることになる。ナチス・ドイツが原子爆弾を開発しているという噂が耳に入るようになったのである。彼がかつて発表した、$E=mc^2$という定式に表されているように、質量は莫大なエネルギーに転化する可能性をもっている。ウランを用いれば、この定式にもとづく、強力な爆弾を作ることが可能になる。アメリカの科学者たちは一九三九年にルーズベルト大統領に、ドイツに先駆けて原子爆弾を製造することを進言し、アインシュタインも、この書類にサインしたのである。

原子爆弾は完成したが、その使用の前にドイツは降伏した。また、日本が降伏するのも時間の問題だった。アインシュタインは、今度は、日本に対してそれを使わないように大統領に手紙を書いた。しかし、それは読まれることなく、広島と長崎に原爆が投下されたのである。

アインシュタインによる画期的な物理学的発見は、何十万という人の命を奪う化学兵器に形を変えてしまった。彼は、第二次世界大戦の終了後は平和運動に身を捧げるようになるのである。

この間、彼の身辺でも悲しい出来事が続いた。アメリカに渡って四年目には妻エルザが死亡している。また、その後、最初の妻ミレーヴァと妹マヤにも先立たれている。そして、次男のエドゥアルドは統合失調症を患い、病院で後半生を生きることになる。アインシュタインのそばにいて彼を助けることになったのは、エルザと先夫のあいだの娘であるマルゴットだった。

晩年のアインシュタインは、天才物理学者と平和運動家という二つの看板を背負って生きることになった。幼児期、人と話すことができなかった彼が、マスコミに意外な茶目っ気を示すようになり、アイドル的な存在になっていった。彼がふと口にしたことばも、天才による名言として書き留められるようになるのである。それらのことばの中には、思考を深めるには孤独がいかに大切かを述べているものもある。しかし、有名人となり、多くの訪問者を迎えるようになった彼に、少年期から青年期に経験したような孤独が保たれていたとは思えない。科学を普及させ、平和を唱えた彼の活動は大切なものである。しかし、反面、彼が理論をさらに発展させていくための時間は削られていった。

物理学は次第に、量子力学を中心とする流れに転じていった。アインシュタインは、その発端となる発見をした人物だったが、この分野の中心的な位置からは次第に外れていった。彼は、研究の面では少しずつ孤独になっていったのである。

アインシュタインは、一九五五年四月一三日に心臓発作で倒れ、一八日の未明に亡くなった。享年、七十六歳だった。生前の希望により、公式の葬儀も記念碑もない終わり方だった。外見を飾ることを嫌った彼の意思がここにも貫かれていたといえるだろう。

7章 スティーブ・ジョブズ

スティーブ・ジョブズは若くしてアップル社を立ち上げ、今日、世界中の人々が使っているｉＰａｄやｉＰｈｏｎｅを生み出した人物である。だが、彼には特異な生い立ちがあり、少年時代から周囲と協調しにくい性格をもっていた。その彼が、どのようにしてアップルという企業を束ね、画期的な製品を世に出すようになったかを見てゆきたい。

生後すぐに養子に

スティーブ・ジョブズは一九五五年二月二四日にサンフランシスコで生まれた。それは、奇しくも、後に彼のライバルとなる、マイクロソフト社を創業したビル・ゲイツが生まれたのと同じ年だった。

父親のアブドゥルファター・ジャンダーリと母親のジョアン・シーブルは共にウィスコンシン大学の大学院生だった。ジャンダーリはシリア出身のイスラム教徒だったので、ジョアンの父親は二人の結婚に強く反対した。やむなく、ジョアンは、養子縁組みを進めてくれるサンフランシスコの医師のもとで彼を出産したのである。

彼が養子として迎えられた先は、サンフランシスコのジョブズ家だった。夫妻は第二次世界大戦後まもなく結婚したのだが、九年間、子どもに恵まれず、養子を求めていたのである。夫ポールは高校中退後、機械工として働いた後に沿岸警備隊の機関兵だったときにクララと巡り合った。クララは、そのとき、事務員として働いていた。実母のジョアンは、大卒の家庭を養子縁組みの先と考えていたのだが、将来、大学に入れるという条件で彼を夫妻に委ねたのである。

その後、彼には二人の妹ができた。一人はジョブズ夫妻が次に迎えた養女パティであり、もう一人は実父母のあいだに生まれたモナである。モナが生まれたとき、実父母は正式に結婚していたのだが、二人はまもなく離婚した。その後、実母ジョアンが一人でモナを育てることになる。

　スティーブ・ジョブズは、自分が養子であることを六、七歳の頃にはすでに知っていたようである。ただ彼は、血のつながる親よりは育ての親を重視し、後にジョブズ夫妻のことを「一〇〇パーセント、僕の親だ」と述べている。しかし、これは強がりである可能性が大きい。若い頃の友人によると、彼はよく「捨てられてつらかった」といっていたそうである。

　ここで、実父と養父の違いについて考えてみたい。実の父親というものは、息子に「お父さんがおまえの歳のときにはもう……」などと口にしたり、口にしなくてもよく思うものである。つまり、いやでも、子を自分の分身と見なすところがある。事実、実子は自分のＤＮＡを受け継ぐ存在である。これに対して子の方は、親のことを肯定的に受け入れる場合には、親を鏡とし、親から学び、親のようになろうとする。親を否定的に捉える場合は、自分を分身と見なそうとする親の態度に反発し、自分の中の親にはない側面を発揮しようとする。いずれの場合も、親を基準とし、それとの関係で自分の位置を定めようとしていることに変わりはない。だが、実の親のもとで育たなかった場合はどうか？　この場合は、自分の位置を定めるための基準、鏡を失うことになる。それは、自分の中に空洞をもつことであり、それを埋めるための何かを求めざるを得ないことになる。

まさに、この立場を生きたのがスティーブ・ジョブズだった、ということができるだろう。彼は、実父母のことは気にしないという一方で、「自分のルーツを求めようとする」のは当然の心情である、と述べている。彼の人生は、まさに、自分のアイデンティティを求める旅だった。青年期に自国の文化でなく東洋の文化に傾倒したのも、アップルという自分の色を濃厚につけた、自分の分身ともいえる会社を作ったのも、その結果といえるのではないだろうか。

一方、実子でない子をもった親にとっては、子は得体の知れない存在である。そこから何が出てくるかわからない。親は子がどのように化けるか見守ることになる。この場合は、子を自分の分身と見なさない分だけ冷静で客観的な見方となる。

養父ポールは、そんな立場で彼を見ていたと考えられる。ただ養父は、スティーブ・ジョブズという天才が生まれるために、ふたつの重要なものを用意してくれた。ひとつは、養父の手先が器用だったために、ものづくりの世界へと彼を導いてくれたことであり、もうひとつは、彼が将来その活躍の場とするシリコンバレーのすぐそばに居を構えていたということである。

集団活動が苦手な少年

幼児期のジョブズは、よく動きまわる、手に余る子どもだったらしい。アリ退治の薬をビンごと飲んでしまったり、ヘアピンをコンセントに差し込んで感電したりと、事件が相次ぎ、両親は彼を連れて病院に駆けつけることがよくあったらしい。また、朝の四時頃に起きて騒ぎだすことが多く、両親は彼をなだめ、落ち着かせるために多くのオモチャを買い与えたとのことである。こうして、ジョブズは、やや、わがままな子どもとして育っていったのである。

以上の特徴は、彼が自分のことを養子と知る以前に現れたものである。だから、もって生まれた特性ということができるだろう。また、そこに現れている衝動性や落ち着きのなさは、今日の診断基準からいうと、ＡＤＨＤか、あるいはその近辺に位置づけられるものである。彼は終生、この特徴をもち続けていたようである。アップル社を率いる中でよく現れたというかんしゃくや怒りっぽさも、その現れだろう。しかし、同時に、この特性は、彼の人生に貢献もしたはずである。ＡＤＨＤの別の側面である、ひとつことに向かうときの集中力や行動力は、彼が事業を展開する上で有利に働いたと考えられるのである。

少年時代のジョブズは、後に会社を興す人物であるにもかかわらず、集団的な活動が苦手だった。アメリカでは、今も昔も少年たちが熱中するスポーツである野球やフットボールの仲間に加わろうとはしなかった。スポーツについては、一人でやるものを好んだ。水泳クラブに入り、泳ぎが上達したそうである。しかし、水泳クラブでも、あまり仲間と係わろうとしなかった。当時、同じクラブに属していた少年は、後に、彼のことを「レースに負けると、一人でどこかに行って泣くだけで、誰ともぜんぜん親しくならなかった」と回想している。

では、彼の学校生活の方はどうだったか？　これも、ＡＤＨＤやその周辺の子どもによくあるように、授業をしっかり聞くことができなかった。そして、教師を困らせるような数々のいたずらをするようになるのである。小学校三年生のときには、教室の中にヘビを放ったり、女教師の椅子の下に爆弾を仕かけたりした。そのため、両親はしばしば学校に呼び出されたが、彼を叱ることなく、逆にかばい、学校側に、もっと彼が興味をもつような授業をするように要望したのだった。ジョブズは両親に怒られた記憶がないという。彼らは一貫して息子を信用し、愛情を注いだのである。

そして、ジョブズが小学校の四年生になったとき、救い主が現れる。担任の女教師、イモジーン・ヒルが、彼に特別に目をかけてくれたのである。彼女は、彼が宿題をやってくると菓子やオモチャやときに現金までくれた。ジョブズは後に、「担任が気にかけていたのは、クラスで僕ひとりだった。僕にはなにかがあると感じたんだ」と語っている。また、「彼女と出会わなかったら、僕は刑務所行きになっていたと思う」とも。彼は次第に、ほうびなしでも勉強に励むようになり、ぐんぐん成績を上げていくのである。

ジョブズの両親とヒル先生の彼への係わり方は、彼のプライドを傷つけず、逆に高めたという点で共通している。ここで再びＡＤＨＤの問題に戻ると、このような特性をもつ子どもに対しては、セルフエスティーム（自尊心）を傷つけないような係わりをすることが重要であるといわれている。両親とヒル先生の彼への接し方はまさにこれに相当する。彼らはジョブズが偉大な人物へと成長していく上で非常に重要な支援者の役割を果たしたといえるだろう。

ところで、アメリカの多くの学校には飛び級というものがある。学力の高い生徒を学年を飛び越して進級させる制度である。ヒル先生は、ジョブズの知能が非常に高く、また学力も伴ってきたため、飛び級することを提案した。そうすれば、彼の興味に合った勉強ができると考えたのである。両親は、この提案を受け入れ、彼を五年生を飛び越し、六年生に進級させることになった。また、六年生から中学校に入る制度だったので転校もすることになったのである。

ところが、転校したグリッテンデン中学というところは、ジョブズにとって全くなじめない場所だった。移民が多く、毎日のように暴力事件が起きるような学校だったのである。その学校の生徒たちがしていたのは、彼が小学校時代にしたいたずらとは違い、徒党を組んで悪事をおこなうようなものだった。ジョブズは、まもなく、いじめの標的にされてしまったのである。

七年生に進級したとき、彼は両親に転校したいといいだした。交渉は何週間も続いたが、両親には、それを受け入れることができない事情があった。父親は職を転々としており、一家は一番きびしい経済状態にあったのである。すると、ジョブズは、それなら学校をやめてしまうと言い放ったのである。翌年には妹のパティもその学校に入らなければならなかった。両親はやむなく、もっといい環境の地域に転居することにしたのである。

アップル社の創業とその発展の過程で発揮されたジョブズの交渉力の高さは、人々が認めるところである。その才は、この頃から芽生え始めたと考えられる。ジョブズは、会社経営の中で、最初は相手に無理だといわれた事柄を次々に実現していった。その発端が、この父親との交渉の中にあったと考えられる。

エレクトロニクスとの出会い

ジョブズ家は何度か転居したが、それらはすべてサンフランシスコのシリコンバレーの近辺だった。そこには、ヒューレット・パッカード社など、ＩＴ関連の企業の社員が多く住んでいて、家々のガレージには様々な電子部品があふれていた。男たちは、ガレージでエレクトロニクス工作にはげみ、そこから新たな事業を興す者もいた。

ジョブズは、十歳頃からその様子に興味をもち始め、近所のガレージをのぞいて回ったようである。男たちは、この好奇心あふれる少年に自分の「発明品」を見せ、自慢したに違いない。その中に、ラリー・ランジという男がいて、ジョブズにエレクトロニクスのことを詳しく説明してくれた。ジョブズはランジのガレージに毎日のように通い、その頃には珍しかった炭素マイクをもらって帰ったりした。そして、さらに、ランジが出入りしているヒューレット・パッカード・エクスプロアラー・クラブに顔を出すようになった。ジョブズは、その会合の中で、初めてコンピュータを目にし、触ることができたのである。

ジョブズは人と同じことをするのが嫌いな少年だった。同級生と机を並べて勉強するのと全く違うものをエレクトロニクスの世界は見せてくれたのである。級友たちは、彼がコンピュータのことを語り出しても全くちんぷんかんぷんだった。そのことは、彼の自尊心をくすぐったのではないかと思う。

十三歳になったとき、ジョブズは、ヒューレット・パッカード・エクスプロアラー・クラブで、周波数カウンターの制作に取り組んでいた。だが、ある部品が足りず、入手困難であることに気づく。そこで彼がとったのは、ヒューレット・パッカード社の創業者のひとり、ビル・ヒューレットに直接電話して部品を求めるという行動だったのである。意外にも電話はすぐにつながり、彼はヒューレットと二十分も話をすることができた。その上、夏休みに周波数カウンターの組み立てラインでアルバイトしてみないかと誘われたのである。もちろん、彼はそれに喜んで応じた。

一介の少年が、業界のトップにアクセスできたのである。この体験はジョブズの世界観を変えたに違いない。世界を変えるような仕事をしている人物も雲の上にいるわけではない。手の届くところにおり、やがて自分がその場所に到達することも可能だと思ったに違いない。

ところで、ジョブズは、エレクトロニクスについて、最初は大人から学ぶことが多かったが、やがて同年輩の仲間を見つけることができた。弁護士の息子のフェルナンデスである。フェルナンデスの家のガレージにはエレクトロニクス用の作業台があったので、ジョブズは足繁くそこを訪れるようになった。そして、フェルナンデス家の向かいにはウォズニアック家があった。フェルナンデスは、その家の長男の影響でエレクトロニクスに興味をもち始めたのである。

実は、この長男こそ、後にジョブズと共にアップル社を立ち上げることになるスティーブ・ウォズニアックだったのである。ウォズニアックはジョブズより五歳年上で、二人が出会ったとき、エレクトロニクスについて、すでに多くの知識をもっていた。ジョブズは彼に出会ったとき、「初めて自分よりエレクトロニクスに詳しいやつに会った」と思ったそうだが、本当は、このときすでにジョブズよりだいぶ上のレベルにいたのである。電卓を作ってコンクールに優勝したり、従来よりもずっと小型のコンピュータを作るための回路の設計に成功したりしていた。それは、後にジョブズと共に売り出すことになる、アップル社のパソコンの原型を成すものだった。

ジョブズとウォズニアックは、たちまち、いいコンビになった。そして、無料で長距離電話ができる、ブルーボックスと名づけた装置を作り、商売を始めたのである。部品集めと販売をジョブズが担当し、装置の組み立てをウォズニアックが担当した。この役割分担は、アップル社を創業するときにも用いられたものである。ブルーボックスの販売では、もうけはかなりあったが、もちろん不法な商売だった。この仕事に関しては、二人はまもなくコンビを解消するのである。

中退した大学に通い続ける

ハイスクールを卒業すると、ジョブズは自由な校風をもつリード大学への進学を希望した。しかし、それは両親にとって受け入れにくい要求だった。自宅から遠く、学費も非常に高かったからである。そこで、両親が反対すると、彼は、それなら大学には行かないといいだした。中学転校のときと全く同じ交渉方法である。両親は、大学に入れるという実母との約束があったので、やむなく要求を飲むことになるのである。

ところが、そこまで無理をいって入った大学であるにもかかわらず、彼はわずか半年でそこを退学してしまうのである。単位の取り方が意外に不自由だったからである。卒業単位を満たすためには出たくない授業にも出なければならず、それは彼の意に沿わないことだった。

しかし、彼はその後、十八か月間、大学に止まった。学生部長と交渉して好きな授業だけ聴講することができるようにしたのである。その中にカリグラフィー（書体学）の授業があった。ジョブズは後に、これは自分のパソコンを作る上で非常に役に立ったと語っている。今日のパソコンはモニター上や印刷物に様々な書体（フォント）を表示できるようになっている。そのようなデザインの大元を発想させたのが、この授業だったのである。

菜食主義と禅の思想

リード大学のあるオレゴン州やジョブズが育ったカリフォルニア州などがある米国西海岸の地域は、一九五〇年代からカウンターカルチャーの発祥地となっていた。カウンターカルチャーとは、物質主義やキリスト教に支えられた、従来の西欧文化に異を唱える人々が生み出した新たな文化の総称である。この潮流の中でヒッピー文化が生まれ、東洋の思想が取り入れられた。ジョブズもまた、その中にいたのである。

ジョブズは早くからヒッピー文化の影響を受け、長髪とボロ着と裸足で町を歩き、ＬＳＤによる幻覚体験をしたこともあった。そのジョブズがリード大学で出会ったのが菜食主義と東洋思想だった。そして、この世界に一緒に入っていったのがコトケという名の友人である。二人は、ＬＳＤや瞑想によって精神的なトリップを何度も体験し、また、菜食主義と断食をメインとする生活をするようになった。また、この二人が親交をもつようになったのが、ＬＳＤを大量に所持して刑務所に入ったにもかかわらず、出所後、学生自治会の委員長となったフリードランドだった。フリードランドにはカリスマ性があり、周囲の人々を自分の世界に引き込んでしまう力があった。フリードランドに出会うまで、ジョブズには内気で大人しい印象があったらしい。しかし、その影響を受けて、ジョブズにもカリスマ性がつき、後の仕事に結びついたのだとコトケはいう。

ジョブズとコトケは、フリードランドが所有する農場で週末を過ごすことになった。そこには大きな果樹園があり、そこで彼らは収穫に参加した。ジョブズは、その生活の中で、菜食主義というより果食主義ともいうべきものに移っていったのである。中でもリンゴはジョブズがもっとも気に入った果実だった。後に彼が、「アップル」という名の会社を立ち上げたのも実はこのことに由来しているのである。

また、その頃、カウンターカルチャーの真っ直中にいる人々のあいだには、インドに行って悟りを開くという目標があった。フリードランドにも、すでにインド行きの経験があり、ジョブズもそれを望むようになった。彼は、旅費を稼ぐためにビデオゲームメーカーのアタリ社に就職し、同行する予定のコトケの分も含めて金を貯めたのである。

インドには、ジョブズがまず一人で到着し、三週間後にコトケが合流した。コトケが到着したとき、ジョブズは導師によって頭を丸められ、まるで托鉢僧のようだったという。二人はその後、ひどい下痢をしたり山岳地帯で生死のさかいをさ迷うような体験をすることになった。しかし、結局、期待していたような導師に会うことも、悟りの道に向かうこともできなかった。

だが、ひとつの成果として、ジョブズはその地で、論理的思考でなく直感によって生きる人々の姿を目のあたりにし、その影響を受けるようになるのである。

インドから帰って以降、ジョブズに大きな影響を与えたのは禅の思想だった。ジョブズとコトケは、インドに行く前からサンフランシスコの禅センターに顔を出していた。そして帰国後は、知野弘文老師が開く俳句禅堂に通うようになった。ジョブズは、弘文を生涯の友とするようになる。座禅による瞑想と集中は、ジョブズの創造性を生み出したと考えられる。また、余分なものをそぎ落とし、シンプルさを求める禅の美意識はアップル製品のデザインにも投影されることになったと考えられるのである。

ところで、東洋文化との出会いに関して常に相棒になっていたコトケだったが、ジョブズがすでにエレクトロニクスの世界に深く入り込み、ビジネスチャンスを窺っていることについては、ほとんど気づいていなかった。また一方、まもなく共にアップル社を立ち上げることになるウォズニアックは、ジョブズが東洋文化にはまっていることを全く感知していなかった。つまり、ジョブズの中には、東洋文化に関する部屋とエレクトロニクスに関する部屋があり、人知れず、その両方を行き来していたのである。

アップル社の創業へ

一九七六年に、ジョブズとウォズニアックはアップル社を立ち上げ、その年にAPPLEⅠ、翌年にAPPLEⅡというコンピュータを発売することになる。

とはいっても、コンピュータ自体は、ジョブズが生まれる少し前、一九四六年には、エニアックという名ですでに開発されていた。しかし、それは一万七千個もの真空管によって構成され、大きな部屋でないと収容できない代物だった。だが、真空管に代わってトランジスターが現れ、さらに集積回路（IC）でコンピュータが動くようになると、ヒューレット・パッカードやIBMのような企業が現れ、大量のコンピュータが生産されるようになる。とはいえ、一九七〇年までは、コンピュータはまだまだ業務用の高価な機械であり、個人が所有できるものではなかった。

しかし、一九七〇年を過ぎると、自分で基板に回路を巡らし、ごく小さなコンピュータ（マイコンと呼ばれた）を作ろうとするマニアたちが多く現れるようになった。その一人がウォズニアックだったのである。当時のマイコン（マイクロ・コンピュータ）は、むき出しの電子回路の横にテンキーがついただけのものだった。しかし、ウォズニアックは、マイコンの回路にタイプライター並みのキーボードとモニターを結合したモデルを作ってしまったのである。それは、今日のパソコンの基本形となるものだった。

ウォズニアックは、当時のマニアたちの流儀に従い、そのシステムの情報を人々に無償で提供しようと思っていた。ところがジョブズは、この発明品を見ると目の色を変え、これを大量に作って販売する会社を設立しようと言いだしたのである。

彼は、このような機械を個人で所有して仕事や遊びに使う時代が来ることを直感したのだろう。だが、当初、ウォズニアックは、この考えに反対だった。このとき、彼はヒューレット・パッカードの社員だったので、自分の試作機を社内でお披露目する道を選んだのである。しかし、彼の作品は社内では全く評価されなかった。まだ、ジョブズのような視点でコンピュータの未来を見つめる人は少なかったのである。

こうして、ジョブズとウォズニアックは、自分たちのコンピュータ会社を立ち上げることになった。しかし、ウォズニアックによる試作機をＡＰＰＬＥＩと名づけて売り出したものの、制作のための資金も販売ルートもない状態だった。ところが、そこにたまたま、注文主が現れたのである。それは、コンピュータ・ショップを開店したばかりのテレルだった。彼は、マニアが求める組み立て用のマイコンでなく完成品を探しており、ＡＰＰＬＥＩはその求めにかなっていたのである。

テレルは五十台のＡＰＰＬＥＩを注文してくれ、これがアップル社の最初の仕事になった。しかし、それだけのマイコンを作るには資金が必要だし、さらにわずかな資金で買える部品をかき集めなければならない。しかしジョブズは、明確な目標ができると、素早く、また、しつこく行動できる人間だった。彼は、いい返事が得られない相手にも電話をかけ続け、ついに資金と部品を調達するのに成功したのである。

五十台のＡＰＰＬＥ１が製作されたのは、ジョブズの実家だった。インドに一緒に行ったコトケとそのガールフレンド、妊娠のために里帰りしていた妹のパティ、それから両親まで巻き込んでの作業が家の内外で行われたのである。ずぶの素人だった彼らがマイコン基板に部品をはんだ付けすると、ウォズニアックがそれをキーボードとテレビモニターにつないで動作確認するという作業工程だった。

こうして、五十台のＡＰＰＬＥⅠを販売すると、ジョブズはすぐに増産に入ろうとした。そこで、第一回パソコン・フェスティバルにＡＰＰＬＥⅠを出展したのだが、結果は思わしいものではなかった。ＡＰＰＬＥⅠは、モニターとキーボードにつなぐと確かに素晴らしい働きをするパソコンだった。しかし、出展されているもの自体は、むきだしの基板に部品がつけられただけのものだった。このときにはすでに大手の企業によって、見かけだけはずっといいものが現れていた。しかも、会場の奥に設置されたＡＰＰＬＥⅠのブースの中にいたのは、髭ぼうぼうで、むさくるしい姿をした、場にそぐわない若造たちだったのである。

この経験を踏まえ、ジョブズは新しいデザインのＡＰＰＬＥⅡの設計にとりかかった。それはすっきりした外観をもち、それまでコンピュータとは無縁だった女性にも受け入れられるものとならなければならなかった。そこで作られたのが、基板をアイボリーのプラスチックケースでおおい隠し、キーボードも組み込んだモデルだった。それは、現在のアップル製品にも通じるシンプルなデザインの発端だったといえるだろう。ＡＰＰＬＥⅡは簡単な表計算ソフトも備えており、十七年間で五百万台以上を出荷するヒット作になるのである。

パソコン業界のパイオニア

ＡＰＰＬＥⅡの発売はパソコン時代の幕開けになった。ジョブズは二十二歳にして、この業界のパイオニアになったのである。そこに目をつけたのがマイク・マークラという投資家だった。マークラは、ＩＣメーカーのインテルに投資して、すでに巨万の富を手にしており、今度は若手の事業家に資金援助をしたいと考えていた。マークラは当座の利益より将来性を重視していたので、ジョブズにとっては願ってもない支援者だったのである。

まもなくジョブズは、次なるパソコンの製作のために歩み始める。そのとき、彼がもっとも強い衝撃を受けたのは、ゼロックス社を訪れたときに見た、マウスとその動きに連動して変化するモニターから成るシステムだった。このしくみは、今日のパソコンでは当たり前のものである。しかし、当時、ゼロックスの技術者たちは、それが未来のパソコンの標準になるとは思っていなかった。ジョブズは、これをすぐにそのとき開発中だった自分のパソコン、LISAに取り入れた。LISAの画面はグラフィックにもとづいており（GUIといわれる）、その中のアイコンをクリックするとパソコンが反応する。これは画期的なしくみだった。当時の一般的なパソコン（IBMや日本のNEC98シリーズなど）の画面は文字表示専用であり、そこに文字を打ち込まないと先に進めないしくみだった。

ところで、この新しいパソコンの製品名、LISA（リサ）は、ジョブズの娘の名だった。リサは、彼のハイスクール時代からのガールフレンド、ブレナンとのあいだに予定外にできた子である。このように、機械に人の名をつけるのは異例のことだった。しかし、そこにこそジョブズらしさが表れているのである。西洋には、人は人、物は物として見る伝統がある。しかし、禅の思想を西洋に広めた鈴木大拙がいうように、東洋には自然の中に人間を見る伝統がある。だから、人工物も人に見立てる傾向が生まれる。日本女性が気に入った品物を前に「カワイイ！」を連発するのもこの表れだろう。ジョブズは、自分たちが作るパソコンを愛さなければならないとしばしばいい、他のメーカーはそれをしていない、という。彼は、IT製品に新しい感性をもち込んだといえるのである。

また、LISAの製品作りの中で、あの、りんごの端がかじられたロゴマークが生まれ、以後の製品にも引き継がれることになった。そして、LISAの次に作られたパソコンは、カナダ産のりんごの品種名にちなみ、マッキントッシュと名づけられた。このように、りんごにまつわるイメージが多く用いられたのは、先に述べたように、リンゴが果食主義のジョブズの好物だったからである。アップル社はジョブズ自身だった。養子として生まれ、自分探しをしてきた彼は、自分が興した会社にそれを見つけたといえるだろう。

だが一方で、アップル社はすでに、彼一人ではコントロールできない規模にまで発展していた。大企業としての組織構築をしなければならない時期になっていたのである。そこでCEO（最高経営責任者）として引き抜かれたのがペプシコーラ社長のジョン・スカリーだった。スカリーは、広告によってペプシコーラをコカコーラと並ぶ商品にした人物である。このヘッドハンティングの際にジョブズがいった「砂糖水を売り続けるか、それとも我々と世界を変える仕事を始めるか？」というセリフは有名である。

ところが、アップル社のこのような変化は様々な困難を生ずることになる。ジョブズが生み出したアップル社は、次第に彼自身から独立した企業になっていくのである。

失意の日々

ジョブズには、使いやすく、優れたデザイン性をもつ製品を生み出す才能があった。LISAは、まさしくそのようなパソコンだった。そして、次に作られたマッキントッシュは、小型化されると共に低価格化され、ユーザーがより購入しやすいものとなった。そのため、当初は爆発的な売り上げとなったのだが、しばらくすると販売数は頭打ちとなってしまった。

マッキントッシュの優れた映像性と操作性は、今日のパソコンとほとんど変わらないものだった。しかし、一方で、パソコン内部のＬＳＩのスピードはまだ遅く、さらに記憶容量も小さかった。だから、その能力に見合う動きを発揮しにくいものだった。計算や文書作りなどの実務を効率的におこなうには、パソコン市場に参入してきた、他のメーカーのものを使う方が便利だったのである。

マッキントッシュの販売が振るわなくなった最大の理由は、ＩＢＭという、当時のコンピュータ業界最大の企業がパソコンを作り始めたことによる。そして、その内部には、マイクロソフト社のソフトウェアが入っていたのである。マイクロソフト社を創業したビル・ゲイツは、ジョブズと同年齢であり、プログラミングの天才だった。彼は、画面とマウスが連動するＬＩＳＡのしくみをすぐに取り入れ、ウィンドウズという基本ソフトとして発売し始めた。ウィンドウズはＩＢＭだけでなく、日本産も含め、アップル社以外のすべてのパソコンの中に取り入れられていった。こうして、パソコン・シェアの中でのマッキントッシュの比率は徐々に小さくなっていくのである。

このような状況の中で、スカリーとジョブズの考えは乖離していった。スカリーは売れるもの、儲けがでるものを作ろうとした。しかしジョブズは、自分が満足できるものを作ろうとしていた。そして、しばしば現場に顔を出し、やっと完成した仕事にも注文をつけ、やり直しを命じた。彼は重役室にでんと腰を据えて、社員からの報告を待つようなタイプではなかった。こうして、ジョブズはアップル社の中で次第に浮いた存在になっていった。そして、ついに、取締役会で不要な存在と判定され、自ら作った会社を去ることになってしまったのである。

それは失意の日々だっただろうが、彼はまだ三十三歳だった。アップルの一部の仲間を引き連れて、彼はＮｅＸＴという、教育分野を対象としたコンピュータの会社を作った。また、ピクサーという映像制作会社を買収し、ディズニーと連携して長編アニメも作り始めた。だが、アップル社の創業と比べると、それらは画期的な出来事とはいいがたいものだっただろう。

この間も、ジョブズは禅の導師、知野弘文のもとをしばしば訪れている。禅は無常観をその思想の根底に置いている。だから、いつ自分の地歩を失うかしれない、日本の戦国武将たちに受け入れられてきたものである。当時のジョブズの立場はそれに通じるものだったといえるだろう。アップル社を離れていた期間、ジョブズは禅との結びつきをますます強めた。彼はこの時期に、ローレン・パウエルという女性と結ばれるのだが、その結婚式も知野によって仏式で行われたのである。

ジョブズは後に、「アップルを解雇されたことは、人生最良の出来事だった」と述べている。

彼は、この空白期間（とはいっても、ＮｅＸＴやピクサーの事業を進めてはいたのだが）に、アップル社や人生のあり方について捉え直すことができたといえるだろう。

アップル社への復帰

ジョブズが去ったあとのアップル社はどうなったかというと、全く業績が振るわなかった。その一方で勢力を伸ばしていたのはウィンドウズだった。一九九五年にウィンドウズ95が発売されると、それはパソコンの標準ＯＳとなり、アップル社のパソコン市場でのシェアはわずか４パーセントになってしまった。

ところで、アップル社以外のパソコンがすべて、ウィンドウズによって動くということは、見方を変えれば、どのメーカーのパソコンもさしたる違いをもたない、ということを意味することになった。ここで、もしマッキントッシュがウィンドウズに負けないＯＳをもち、優れた外観をもつようになれば、市場にある唯一のパソコンとして世に浸透することができるだろう。

ここに至ってアップル社が必要としたのは、ジョブズがＮｅＸＴ社で開発した優れたＯＳと彼のデザインセンスだった。アップル社はＮｅＸＴを買収し、それと共に、ジョブズは古巣に帰ってきたのである。

復帰したジョブズが最初に取り組んだのは、これまでにない、斬新なデザインのパソコンを作ることだった。彼はイギリス出身の若手のデザイナー、ジョナサン・アイブと共に、新しいマックを作り始める。アイブは、シンプルで生活に密着した形を目指すドイツのデザインを愛好しており、ジョブズの好みと完全に一致した。こうして一九九八年に発売されたのが、オール・イン・ワンで丸みを帯びた半透明のボディをもつｉＭａｃだった。それはまた、ＣＤ‐ＲＯＭとＵＳＢポートを備えることで極力コード類を廃した、以後のパソコンの基本形を成すものだった。

アップル社はその後、ｉＢｏｏｋ、ｉＰｏｄ、ｉＰｈｏｎｅ、ｉＰａｄと、次々に画期的な製品を世に出し、この業界を支配する企業になっていく。これらファミリーを成す機器に共通してつけられている〝ｉ〟について、ジョブズは、インターネットやインフォメーションなど五つのことばの頭にある文字を意味するという。しかし、そこには、それらすべての製品のデザインにかかわってきた、ジョナサン・アイブ（Ｉｖｅ）の〝ｉ〟も含まれていたのではないかと思う。ジョブズが作る製品の名には、いつも人や愛好物の名が関係していたのだから。（さらにもうひとつ、アップル社のロゴマークであるリンゴをさらにかじっていくと、〝ｉ〟の形になるから、と解釈することもできる）

市場調査は必要ない

若き日にアップル社を大企業らしい組織にしようとして失敗したジョブズは、今度はアップル社らしい組織を作ろうとした。それは、分化した組織の集合体ではなく、肝心なところは少数精鋭で徹底的に話し合うことのできる組織だった。大企業では各パートの意見を採り入れ、労をねぎらうため、最終的な製品は多くの意見を取り入れた妥協的なものとなりがちである。しかし、アップル社では、最もよいと考えられるものにたどり着くと、他は排除された。

それから、もうひとつ、アップルのものづくりを特色づけているのは、あらかじめ市場調査をしないことだった。むしろ、製品が出回ってから、それがどのような人々によって、どのように使われているか調べられた。市場調査の末に出てくるものは、いま人々の意識にあるものの延長でしかない。しかし、アップル社が作ろうとするものは、人々が求めていると思っているものではなく、求めているはずのものだった。人々は製品を手にした段階で、本当はこんなものを求めていたのだ、と気づくのである。

このように物事を進める上で、ジョブズの直感は大いにものをいったに違いない。直感はときに誤ることがあり、それだけに頼ることは危険である。しかし、ジョブズは自分の直感を信じており、また、彼の直感はよく当たった。物事には、論理やデータだけでは捉えきれない世界が必ず含まれている。それを見分け、決断を下すのが人の直感である。禅の思想は、このことの重要性を早くから見出していた。ジョブズは、この点についても、禅から学んでいたのではないか、と思う。

足早に、この世を去る

ところで、常に我が道を進んできたジョブズだったが、ついに大きな妥協をすることになった。長年のライバルであるマイクロソフト社が作り、世界標準となりつつあったアプリケーション、オフィスをマックＯＳでも使えるようにしたのである。また、同時に、ｉＰｏｄ、ｉＰｈｏｎｅ、ｉＰａｄなどに音楽などを取り込めるようにするソフト、ｉＴｕｎｅｓをウィンドウズＯＳでも使えるようにしたのである。このことによって、それまで圧倒的多数だったウィンドウズ・ユーザーがアップル社の製品を使うようになった。

いま、私がこの原稿を書いている喫茶店の、ここにも、あそこにも、ｉＰｈｏｎｅを手にする人の姿が見える。また、同じ店内で、ｉＢｏｏｋやｉＰａｄを用いる人を見かけることも多い。この十年足らずのあいだに、アップル製品とそれを追う商品たちは、人々の生活のあり方をガラリと変えてしまった。その立役者であるスティーブ・ジョブズは、すでに歴史的な人物になったといえるだろう。このような中で、スタンフォード大学での、あの有名なセリフが生まれた。

Stay hungry, stay foolish!（ハングリーであれ。愚かであれ！）

この本の5章で取り上げた夏目漱石は、天才とは核とするものに頑愚なまでにこだわる者である、としていた。ジョブズがここで用いた「愚か」とは、それに対応するものであると考えられる。

ジョブズは、目的達成のために、冷酷なまでの社内人事を何度も断行し、また、辛辣なことばを吐いてきた。それらは人々を傷つけたが、また、彼自身をも傷つけたに違いない。この本の他の五人の天才と比べ、ジョブズは、より多くの人々を束ね、より激しい競争の中を生きてきた。そのことは、彼の体をも苛むことになった、と考えられる。

四十九歳のとき、膵臓ガンを患い、手術後もそれが肝臓に転移し、ジョブズは、五十六歳の若さでこの世を去ることになる。それは、二〇一一年、彼の分身ともいえる機器たちが世界に浸透するのを見届けた上でのことだった。そのとき、禅の導師、知野弘文はすでにこの世にいなかったが、彼の葬儀は結婚式のときと同じく仏式でとりおこなわれたのである。

8章

天才と現代

天才の基本構造

これまで、六人の天才の人生をたどってみて、どのように感じられただろうか？　異なる時代を生き、異なる分野で活躍した、異なる顔をもった人々でありながら、私には、同一人物の人生をたどっているような気持ちがあった。彼らの人生の出発点は、後に手に入れる不動の名声と比べて、あまりにも危ういものだった。しかし、その危うさこそが、彼らを天才に育てたと思うのである。彼らは社会に馴染みにくい自分の特性を、社会を変えるような力に転化させていった。

私は、その過程に含まれるものを、六人の人生をたどる前に、1章で、あらかじめ、天才の共通特性として示しておいた。この本で取り上げたような天才となるには欠くことのできない、いくつかの特性があり、それが天才を生み出すための条件となっていたと考えられる。だから、六人の人生には、たまたま共通した特性が現れたのではなく、それらは天才を生み出すために必要な基本構造を成していたと思うのである。そこで、ここにもう一度、天才に見られる六つの特性を列挙してみることにしよう。

1　孤独な少年期を送る。

2　自閉症スペクトラムやＡＤＨＤなどに通じる心理特性をもつ。
3　同化が調節よりも優位な認知の特性をもつ。
4　学校教育との相性が悪い。
5　支援者が現れ助けられる。
6　外側からの視点をもつ。

この中の1と2は、天才が自ら選んだ特性ではない。彼らは、このように生まれついたのである。だから、人が天才になるために、後になって身につけることができるものではない。また、それらは、本人にとってつらい経験を生み出すものだが、そのつらい経験と引きかえに天才的な能力を手に入れたといえるだろう。また、以下の3から6は、創造的な仕事をする人全般によく見られる特性である。しかし、天才の場合は、1と2の特性が、これらの特性を特別に大きくしたと考えられる。

以上は、あくまでも基本的な構造である。天才といわれる人々の中にも、この基本からのズレが比較的大きい人もいるだろう。しかし、ズレがあまりに大きくなれば、天才としての働きが成り立たなくなると考えられるのである。

孤独が生み出すもの

この本で取り上げた六人の天才には共通して孤独な少年期があったが、孤独を生み出す事情には違いがあった。ダ・ヴィンチとニュートンは母から引き離され、夏目漱石とジョブズは養子に出された。また、エジソンとアインシュタインは、家庭環境には問題はなかったが、ＡＨＤや自閉症を疑わせる認知の特性があった。ただし、この認知の特性については、他の四人にも通常ではない部分が見られた。

人生の初期に孤独を経験したことは、彼らが天才的な仕事をする上で有利になるいくつかの条件を生み出したと考えられる。

第一は、彼らが孤独の中で身につけた、思考を自動走行するかのように働かせる特性である。これは、創造的な仕事をする上では欠くことのできないものである。小説家なら、架空の出来事を次から次に紡ぎ出していく心の働きが必要である。科学者なら、仮説に仮説を重ね、推論の行き着く先を突き止める必要がある。そして発明家なら、まだ世にないものを生み出すため、時に頭の中だけで、今あるものに加工に加工を加え、画期的な発明品にたどり着こうとする。すべて、妄想する力が必要であり、この意味で、小説家、科学者、発明家には共通したところがあるのである。

この本で取り上げた六人は、最初、自分自身の境遇や認知の特性によって、自ら意図することなく、このような孤独を手に入れた。しかし、その人生をたどってみてわかったことは、彼らは次第に孤独に価値を見出し、それを自ら進んで確保しておこうとしていたことである。このことは、ダ・ヴィンチの手稿に書かれ、アインシュタインによって語られていた。また、ジョブズは、禅の修行の中でそれを体験していた。そして、ニュートンは研究室に、エジソンは実験室に、漱石は書斎の中に閉じこもり、一人、思考を巡らせていたのである。

第二に、孤独は彼らを自分の存在理由を求める旅へと向かわせた。親の愛に満たされ、周囲の期待通りに行動することができる人は、もうそれだけで自分の存在理由は満たされた気持ちになりやすい。しかし、この本で取り上げた六人はそうではなかった。彼らは独自な仕事を通して、それを満たそうとしたのである。このことは、たとえばスティーブ・ジョブズの場合には、自分の会社や製品の名前にまで自分にとって大切なものの名を当てはめていたことに表れている。

そして第三に、孤独は彼らに、仕事に対する耐性を育てた。道案内のない世界で、果てしなく続く仕事を続けるのは、通常の人にできることではない。知識を共有し、苦労を共にすることで、通常の人々は仕事をやり遂げることができる。しかし、天才たちは、孤立無援の状況の中で大事を成し遂げることができた。それができたのは、彼らが子どもの頃から孤独の中にあり、孤独への耐性が作られていたためと考えられるのである。

創造力と妄想力

ところで、ここで、孤独が生む第一のもの、つまり妄想力についてもう少し詳しく述べておくことにしよう。

すでに述べたように、天才とは、まだ世にないものをあるようにした人物である。だが、どのようにして、無から有を生じるような仕事ができたのだろうか？　もしそこに手本があるなら、自分の作品を見本に合わせて徐々にレベルアップさせていけばいい。ピアジェのことばでいえば、調節に当たる行為を重ねていくのである。しかし、このような見本がないときには、行為の方向を見つけにくい。とりあえず、触手を伸ばし、イメージが湧き出るのを待つしかない。

しかし、イメージを自由に働かせるというのは簡単なことではない。私たちは、すでにあるものに囲まれている。それらをいくら見続けても新しいものは出てこない。むしろ、見つめれば見つめるほど、現実にあるものに捕らわれてしまう。この状態を脱するには、いったん目の前の現実を忘れて、イメージを暴走させてみることが必要である。1章で述べたように、アイディアは「夢か、うつつか」のときに生まれやすい。その理由は、この状態が現実から解放されてイメージが自由になりやすいためだろう。

天才による発明・発見も、最終的には、実際に機能する製品や、観測データによって証明される法則にならなければならない。つまり、現実にかなうように調節されていかなければならない。しかし、まずは、前人未踏の旅に出るための第一歩が必要である。たまたま浮かんだアイディアに世界を大胆に当てはめてみるような挑戦が必要である。つまり、ピアジェのことばでいえば、過剰ともいえる同化の働きが必要である。この意味で、天才は同化が優位な認知の特性をもっているといえるだろう。そして、この特性は、人から見れば、思いこみが強く、浮き世離れしたものに映るに違いない。

ところで、スティーブ・ジョブズの場合、この、現実を無理やり自分の考えに当てはめるやり方は、まわりの人々をまき込む形でおこなわれた。ジョブズが「できる」というと、社会の常識ではとてもできそうにないことまで可能に見えてくるのだった。そして、実際にやってみると、本当にできてしまうことが多かった。周囲の人々は、ジョブズのこの手法を「現実歪曲フィールド」と呼んでいた（アイザックソン　二〇一一）。そして、このやり方は、彼が述べたことば「ハングリーであれ。愚かであれ！」にも符合する。

一方、芸術的な仕事では、このようなイメージの自由な放出、つまり妄想力による活動の場は最初から保障されている。人として機能しない、デフォルメされた人体が描かれたり、現実から遊離した、ファンタジーの世界へと読者を導く小説が書かれたりする。しかし、これに対して、発明・発見の世界では、現実による検証を受けたものだけが生き残る。けれども、エジソンが、ひとつの成功に到達する前に数百の失敗を繰り返していたことに表れているように、現実的なアイディアの裏には、その数百倍の非現実的なアイディアがある。それは、人がもつ妄想力の所産といえるだろう。「もしかしたら！」という思いにわくわくする気持ちが原動力になっていると考えられるのである。

天才たちが孤独を好んだのは、このような妄想を自由に働かせることができる密室がそこにあったためと思われる。

学校への不適応と支援者の出現

だが、このように独自世界で遊ぶ彼らの前には多くの困難が立ちはだかっていた。というのは、そもそも社会というものは共有知識と共有ルールによって成り立っているからであり、それを身につけさせ、社会人として送り出す役割を果たすのが学校である。すると、天才ならずとも非共有の世界にいることの多い人は衝突を起こすことになる。ニュートンやアインシュタインや夏目漱石のような、アカデミックな世界で成功したように見える人たちでさえ学校への不適応の時代があった。そしてエジソンの場合には、それが小学校一年生で退学という極端な形で表れている。

天才に限らず、共有部分を基調として生きることができない人たちにとって、社会で生きていくのは大変なことである。しかし、本書で取り上げた天才たちの場合には、人生のいくつかの時点で支援者が現れた。その中には、エジソンの母やアインシュタイン家に出入りしていた医学生、マックスなど、学習上の支援をしたものもいた。これらの支援者たちは、一斉指導に適応しにくい彼らに個別支援という道を開いてくれたのである。

社会は人々の共有認識によって成り立っている。しかし、その社会も変動する。まだ非共有だった新しいものが共有化され、新しい社会になっていくからである。特に科学技術が発展した近代以降ではその変動が激しい。つまり、社会は共有部分を基調としながらも、常に非共有の種子を含んでいなければならない。また、それと共に、種子の現れや種子を含んだ人の出現を敏感に感じ取る人々の存在が必要である。

本書の中に現れた支援者たちの多くも、そのような人たちだった。ダ・ヴィンチの師匠のヴェロッキオは、彼自身が科学と芸術の先駆者だった。だからこそ、ダ・ヴィンチの中に才能を見出し育てたのである。また、ニュートンが農場から学校に戻れるように取りはからってくれた叔父のアイスコフは、自身が当時では珍しい大学出であり、ニュートンの中に学問に適した資質を見出していた。また、再三、アインシュタインを助けることになったグロスマンは、自身はつまずきの少ない秀才だったが、挫折の多いアインシュタインに援助の手を伸ばした。

これら支援者たちは、新しい時代を切り拓く仕事がひとすじなわではいかず、そこを突き進む人々の中に変わり種に見える人が多いことに気づいていたのだろう。

つまり、天才は天才だけでは成り立たず、支援者と時代的な背景があって初めて現れるものであるといえるだろう。

外側からの視点

ところで天才たちは、なぜ天才たり得たのだろうか？　世間から外れることの多かった彼らには、外れたまま忘れ去られる可能性も充分にあったのである。しかし、彼らは、やがて世間を動かすような仕事をするようになる。それができたのは、外側からの視点をもっていたためと考えられる。広い視野の中で、先ほど述べたように、イメージを自由に遊ばせることによって創造物を生みだした。そして、外側から内側を見つめ、やがて内側を変えるような働きをするようになったのである。

ここで外側というのは、時間的な意味での外側と空間的もしくは分野的な意味での外側の、両方の意味を含んでいる。第一の時間的な外側という意味では、未来からの視点という場合が多い。ダ・ヴィンチは、本当の飛行機が現れる四百年も前に飛行機を設計した。エジソンは、十九世紀に二十世紀の文明生活に必要な品々を作り始めた。ジョブズは、大型だったコンピュータを人々が手の中で操作できる小さなツールに変えてしまった。そして、ニュートンは、まだまだバラバラだった物理学という学問をまとめ上げ、漱石は明治以後を生きる日本人の心の葛藤を小説化した。

第二の、空間的・分野的な外側の視点については、万能の天才といわれたダ・ヴィンチだけでなく、他の天才たちも広い範囲の世界に関心をもっていた。そして、学校という受動的な場でなく、自分自身の興味にもとづき、それらを学んでいった。発明家のエジソンが最初に没頭したのは、意外にも、ギリシアやローマの古い物語であり、その後、「図書館を読んだ」というほどの読書家となった。また、漱石は、小説家になる前は英文学者であり、早くから漢文や俳句に親しむと同時に自然科学にも強い関心を抱いていた。そして、時代の先端を走るジョブズが傾倒したのは、いにしえの外国文化である東洋思想であり、禅の文化だった。ここに表れているように、彼らは時間的に未来の視点だけでなく、過去の視点ももっていたといえるだろう。そして、ニュートンとアインシュタインは、あらゆる物理現象に目を向け、一見別々のものに見える現象を関連づけ、統一的な解釈へと導いたのである。つまり、このような広い関心が「目のつけどころが違う」といわれる結果を生み出すのだろう。

なお、アインシュタインの場合の「外側」というのは特別な意味をもっている。というのは、彼は、私たちが直接感知できる時間・空間世界の外側に視点を置いて、相対性理論という新しい物理学を構築したからである。

天才のその後

この本のテーマは天才の成り立ちである。そのため、六人の天才について、その少年期から天才として認められるまでを中心に、その人生をたどってきた。しかし、天才には天才として認められたあとの人生もある。だから、天才について論じるには、この部分を抜きにすることはできない。天才は、この部分も含めて、天才としての仕事を完成させるのである。

天才は、天才としての仕事が認められるまでは、ひたすら自分の仕事に打ち込むという、ひとつの課題に取り組むだけでよかった。しかし、その天才が認められたあとは、二つの課題に取り組まなければならなくなる。それは、それまで以上に大変なことなのかもしれない。

第一の課題は、自分の仕事を完成させ、人々に知らしめることである。これには非常に長い時間がかかる場合もある。ニュートンが三大発見をしたのは、彼がまだ二十代前半のときだったが、それを『プリンキピア』などの書物にして世に出したのは二十年後だった。また、ダ・ヴィンチの手稿は四十年以上にわたり書き綴られたが、それが発見されたのは彼の死後だった。そして、エジソンやジョブズのような実業分野の天才は、アイディアを形にするために一大企業を組織しなければならなかった。また、職業作家となった漱石は、作家志望の若者たちや多くの読者に支えられる必要があった。

しかし、ここにひとつの矛盾が生じる。天才たちは、既成のシステムからはみ出し、システムの外で仕事を始めた人たちだった。けれども、その天才が認められたということは、彼らのアイディアにもとづく新しいシステムが作られ、その中で管理者としての仕事を始めなければならないことになる。つまり、システムの外から内へと、その生き方を変えなければならないのである。

だが、それは彼らの天才らしい生き方ではない。天才としての人生を続けるには、人々からの注目や喝采から逃れて創造的な活動を続けるための孤独を確保しておかなければならない。漱石は、弟子たちとの付き合いを、木曜会と称する、木曜の午後だけの会合に制限して創作時間を確保した。そして、ジョブズの場合は、より過酷な形で孤独を手に入れることになった。彼は自分が作ったアップルという会社を解雇されることによって孤独な再出発の道を歩み出したのだった。

つまり、天才として認められたあとの天才の課題は、孤独を確保して創造的な仕事を続けるということである。だが、このことの重要性はなかなか世に認められていない。一九四九年に中間子の発見によって日本人として初めてノーベル賞を受賞した湯川秀樹は次のように述べている（湯川　一九六〇）。

私の理論が認められるということが、現在私の上に襲いかかって来ているように、こんなにも大量の大小さまざまの負担というか、雑用というか——とにかく学問の研究には最も大きな障害となるものを、もたらそうとは、全く予想していなかったことである。……（中略）。しかし、学問を尊重する気持ちが国民の間にあるのなら、学者はなるべく研究室に置いて、ことさら煩雑な世界にひき出さないようにしてほしいと思う。これは、私一人の注文ではないだろう。

大事を成し遂げたあとの栄誉の中にいるだけの人は、過去の天才ではあっても現在の天才とはいえないだろう。本書で取り上げた天才たちは、終生、天才であり続けた。エジソンの寝床は、巨万の富をもつ事業家にふさわしくない、実験室の片隅の簡易ベッドだった。アインシュタインはたいてい、ぼろぼろのセーターを身にまとい、ジョブズは定番のタートルネックのトレーナーばかりを着て人々の前に現れた。彼らは、システムの頂点にいるものとしての飾りを打ち捨て、身軽な姿で、いつでも自分自身をリセットできる状態にしていたといえるだろう。

三種類の天才

ところで、いま述べてきた天才の特質は、世間でいわれる、すべての天才を意味しているわけではない。人間の文化を変えるような仕事をした天才に限られた特質である。

世には三種類の天才が存在すると考えられる。

第一の天才は、この本で取り上げた六人のように、発明・発見や芸術の分野で時代を画するような仕事をした人々である。それは、『科学革命の構造』を著したトーマス・クーンのことばでいえば、古い思考の枠組みから新しい枠組みへの転換、つまりパラダイム・シフトを実現した人々である。また、5章で取り上げた夏目漱石が『文学論』の中で用いたことばでいえば、天才的Fを体現する人々に相当する。それは、同じく漱石がいうように、まだ世に認められていない不安定な地盤の上に立とうとする人々であり、そのため世間から変人と見なされるような人々である。

これに対して第二の天才は、世の中の動向を素早く感知し、確立されつつある地盤の上で成功を収めていく人々である。クーンのことばでいえば、パラダイム・シフトの直後に現れ、新しいパラダイムについてオピニオン・リーダーになるような人々である。それはまた、漱石のことばでいえば、能才的Fを体現する人々であり、時代の寵児と見なされる人々である。その華々しい活躍は世人には天才的な姿として映るだろう。しかし、この人たちの活動は、すでに固まりつつある地盤の上でおこなわれるために安全であり、真に創造的とはいえないものである。

それから、ここでもうひとつ付け加えると、第三に、特定の技能において天才的な人々がいる。天才的なバッターやピアニスト、記憶や計算について特別な能力を示す人々などがこれに含まれる。ただし、これは、個人の素質にもとづいて内部で作られ、一代きりの輝きを示すものである。また、この人々は、ある枠組みの中で力を発揮する人々だが、枠組み自体を変える人々ではない。本書の7章の例では、マイコンを未来のツールに変換することでパラダイム・シフトをおこなったジョブズに対して、マイコンという機器製作の範囲内で天才的な能力を発揮したウォズニアックは、この種の天才だったといえるだろう。

ただし、これら三種の天才のあいだに明確な境目があるわけではない。絵画の世界を革新した画家の筆使いが技能的にも天才的である場合は多いだろう。また、新しい潮流に乗った、時代の寵児が、それだけでは飽き足りなくなり、人々から危険に思われる新しい領域に足を踏み入れるようになるのはよくあることである。

なお、社会の成員という見方からすると、第四に、これらいずれの天才にもならない多くの普通の人々がいる。社会が機能するためには、これら四種の人々がすべて必要である。たとえば、アップル社についていえば、時代を画する仕事を始めたジョブズのような第一の天才ばかりでなく、その先駆性を認めて集まってきて、アップルを巨大企業にした第二の天才たちがいた。また、そこには、機械工作やプログラミングに長けた第三の天才たちも多く必要になっただろう。そして、最後には、確立されたラインの中で間違いなく仕事を進めていく、第四の、非常に多くの人々が必要になるのである。

ところで、これら四種の人々の中でも第二から第四の人々のあり方はわかりやすい。これらの人々の活動は、すでに出来上がったパラダイムにもとづいており、その中で役割が与えられる。しかし、第一の天才は、まだないパラダイムを生み出したわけで、まだないものをどのようにあるようにしたのかはわかりにくい。彼らは、時代の先を読んだという点では第二の天才に似ている。しかし、第二の天才のように時代を追いかけたのではなく時代を作り出したのである。

天才と現代の教育

この本でその人生をたどってきた六人の天才たちは、もはやこの世にない。では現代は、このような天才たちを生み出す余地をもっているのだろうか?

このことを考える上でまず念頭に置かなければならないのは、現代における科学や芸術の集積と人々が学ばなければならない知識の量の増大である。歴史が前に進めば進むほど、歴史が残すものは増加する。学校で学ばなければならないものもそれに合わせて増加するのである。ダ・ヴィンチやニュートンの時代には、科学や芸術によって身を立てようとする人など、地球上にわずかしかいなかった。しかし、いまでは、科学や芸術は社会的に認められた大きな職業分野となっている。多くの人がそれを将来の仕事の選択肢に入れるようになっているのである。すると、そこに競争が生じて選抜が行われるようになる。そして、この選抜がどのようになされるのかというと、文化的集積物をどれだけ正確に、かつ多く身につけているか、を測ることによって行われるのである。また、この選抜に備えて多くの人々に一斉に知識を与えるシステムが生まれることになる。

だが、このことは、天才を生み出す上では大きな矛盾になる。というのは、これまで見てきたように、天才とは、他の人たちと同じテンポで同じ教材について学んでいくのが苦手な人たちだったからである。彼らは、自分のやり方で知識を再構成し、新しい知の世界を創造してきた。しかし、教育は、人々が学びの過程を共有し、知識を共有するようにしむけている。

天才とは高学力で高ＩＱであるという神話がいまでも世に広まっている。しかし、高学力で高ＩＱであれば天才になれるわけでは全くない。学力やＩＱは、すでにある思考の枠組みにもとづいて測られるものである。しかし、天才は、その盲点を発見したり、新しい枠組みを作り出したりする人である。このような人になるためには、早くから、人々が与える知識を鵜呑みにしない心の働きが作られている必要がある。だから、現代の選抜システムは、天才を生み出すには全く適してないといえるだろう。

だが、現実には、創造的な仕事の場を得るためには、高学歴や多くの資格が必要になる。そのための競争は、幼い頃からすでに始まっている。現代の子どもたちに、かつての天才たちが経験したような孤独と自由は保証されているだろうか？　現代にあっては、そのような世界に入り込むと、人材養成のシステムからはじき出され、もはや帰ってくることがむずかしくなっているのではないだろうか。

以上のような考えに対して、既存の文化を乗り越えるためには、それを十分に習得しておかなければならない、とする意見もあるだろう。確かに、それに専念する時期も必要である。しかし、それだけを繰り返すことは、古い思考方法まで身に付けることになってしまい、新見地には到達できない。拙いものであっても、まずは自分のアイディアを生み出し、それをすでにある考えと照合してみることで、両者の違いや構造が見えてくるのである。

この本の1章で、その発達理論を引用したジャン・ピアジェは、本を読む前には、あらかじめその内容を自分で想像してみるのを習慣としていたそうである（エヴァンズ　一九七五）。このようなやり方こそ、新しい見方につながる道といえるだろう。

しかし、一方で、教育とは、天才を生み出すことだけを目的として作られているわけではない、ということも考慮に入れておく必要がある。社会が成り立つためには、既成のシステムのもとで間違いなく仕事をこなす多くの人々が必要である。だから、それらの人々を効率よく養成するのが教育の第一の仕事になる。そのため、このシステムに乗らない者はシステムの管理者にとっては邪魔者であり、お荷物となる。だが、このような傾向が強まると、天才ばかりでなく、その支援者も現れにくくなるだろう。天才や支援者となるべき人たちも、とりあえずシステムの内側に入ることに必死となり、天才を生む道すじを見失ってしまうことになる。

このような、天才となることのむずかしさはいまに始まったものではない。ニュートンや漱石やアインシュタインも、その時代のシステムの中に自分の足場を確保するのには苦労していた。ニュートンはケンブリッジでの研究生活を惨めな免費生として始め、漱石は小説家となる前は英語教師であり、アインシュタインが最初についた職は特許局の技官だった。天才は、その時代の主流の中には生まれない。むしろ、主流を外から動かし、作り変えていく人々である。だから、そこに困難があるのは当然である。

また、社会にとって天才とは、その出現を予想しにくい存在である。天才的なひらめきは、いつどこで降りてくるかわからない。長い努力の末に降りてくることもあれば降りてこないこともある。社会は天才を生むための条件は作れても、アイディア生成の過程に立ち入ることはできないのである。

結局、天才とは、いつかどこかで偶然生まれる人々ということになる。社会は、このような偶然的な存在のために大きなシステムを用意することはできないだろう。既成のシステムについて学ぶ人々に教え、人材養成することの方がずっと計算しやすいのである。

しかし、そのような中にあっても、これまで多くの天才が現れたのは、社会に多くのスキマがあったからである。余分な人材を擁し、余分な時間を与え、余分なことを考えさせる余地があった。かつての天才たちは、そこを足場にしながら生まれてきたといえるだろう。人々に求めるものがあまりにも明確で、それにもとづいてスキマなく作られた社会は天才を生み出すには不向きである。社会は未知の可能性のために常にゆるい部分を含んでいなければならない。

天才とわれわれ

この本の著者である私も、読者の方々のほとんども、この本で取り上げた六人のような天才ではないはずである。しかし、天才の人生には共感する部分が多い。天才として名を残す人はわずかであるにもかかわらず、縁遠い人とは思われないのである。それはなぜだろう？　最後に、この理由を考えてみたい。

第一の理由として考えられることは、私たち自身の中に天才と共通する部分があるということである。私たちの多くは、彼らほどの才能を示すことはなく、また彼らほどの孤独を経験することもない。しかし、多少とも創造的な仕事に取り組もうとすれば、いまある状態にどっぷり漬かるのでなく、そこから身を引き、孤独を経験しなければならない。歴史上の天才たちは、そのプロセスを突きつめた形で表していたといえるだろう。

創造的な活動というものは、いまも社会の至るところに存在しているのではないだろうか。現代を生きる私たちは、もはやダ・ヴィンチがしたように、世界のあらゆる事象についてラフなスケッチをしてみせることはできない。科学技術や芸術にはすでに長年の蓄積があり、一人の人間がその全体像を描き直すことはむずかしくなっている。しかし一方で、長年のあいだにまかれた文明の種によって、私たちはダ・ヴィンチの時代とは比較にならないような社会的変動の中にある。その中で捉え直していかなければならない事柄は日々多くなっている。流れのままに身を任せるのでなく、それをチェックし、改変する異なる視点が必要になっているのである。

だが、現実には、すでに作られた世界が個人に及ぼす圧力は大きい。社会全体が個人に求める役割は限られており、その範囲内で生きて思考せよ、と命じられているかのようである。巨大企業では巨額の金が動き、意志決定の手続きも複雑化する。知識を共有化するために何段階もの会議がおこなわれ、その過程で、どこかの若造の心に芽生えたアイディアなど押し潰されるか、または無視されてしまうのである。

また、初めて論文を書く学生は、指導にあたる教授から、それと似たテーマの研究は山ほどあるから、先行研究を十分チェックした上でテーマを選びなさい、といわれる。そして、この新米の学者は、まだ結論の出ていない小さな領域を見つけだし、そこで研究を進めていくことになる。このような手続きを踏まえていない素朴な研究は、科学の常識を心得ない、向こう見ずの試みとされるのである。

一人前の学者と見なされるには科学的業績を貯めておかなければならない。そのためには、短期間で結論が得られるような研究を次々に発表していく必要がある。結論を出しにくい大きなテーマについては、すでに学者として名を成した、その道の大家が、概説書や入門書として著すというのが一般である。つまり、大きな問題は若く新鮮な視点をもつ者によって大胆に取り組まれることが少ないのである。しかし、若きアインシュタインが、わずか数年の間に、物理学を変える五つの論文を発表したことに現れているように、新しい視点というものは、一見異なる分野に属するように見える問題をつなげる働きをする。視野を広げて、このような視界にたどり着くことこそ大切である。過去の天才たちの人生は、真理探究の本来の道すじを思い出させてくれるのである。

そして、私たちが天才の人生を他人事と思えない第二の理由は、私たちの生活は天才たちの発明・発見をもとに築かれており、今後も天才が現れるのを支援しなければならない立場にあるからである。私たち人類がこれだけ地球上で繁栄するようになったのは、天才たちが発明発見することによって築いてきた文明を継承・発展させてきたからである。他の動物にはそれができない。

だが、誰でもが天才になれるわけではない。私たちの中にときに天才が現れるのは、人間には個人差が大きく、様々な特性をもつものがそこに含まれるからである。それは、天才ばかりでなく、障害をもつものもその中に含まれることを意味する。その全体が人類を構成しているといえるだろう。

ただし、社会に変更を加えるような天才たちは、これまで見てきたように、かなりの変人である。周囲に合わせて行動することが少ない、付き合いにくい人たちであるといえる。しかし、これも本書で見てきたように、天才の人生にはなぜか複数の支援者が現れた。その一人でも欠いたら天才が天才として現れなかったような人々である。支援者たちは、若き天才たちの中に創造の芽を発見し、その開花の道に一部同行した。つまり、天才となる人は数少ないけれど、そのそばに、彼らの人生に共感し、その人生を支える多くの人々がいた。それは、天才ではない多くの人々の中にも人類の一員として天才のＤＮＡが含まれ、天才に共鳴するところがあるためかもしれない。またそれは、本書の中で、私たちが天才の人生に長く付き合ってきた理由でもあるだろう。

そして、最後にもうひとつ触れておかなければならないことは、天才の仕事にも限界があるということである。天才は、この世に生まれ、やがて文明の種をまくが、その後始末までした上で、この世を去っていくわけではない。エジソンは二十世紀の電気による生活への道を開いたが、人類はそのことによって自然を友とする生活を失ったところがある。また、アインシュタインの発見は、原子力という扱いにくいエネルギーを生みだすもとになった。そして、ジョブズは、通信ツールの開発によって人々のコミュニケーションを容易にしたが、互いの息遣いが聞こえるようなやりとりを減少させることになった。文明の種をまいた天才たちも、その後の社会のあり方までも発明・発見したわけではない。天才がまいた種をどう育て、どう取り込むかは、その後の世界を生きる人々の課題であるといえるだろう。

あとがき

この本を書いたのには、私の研究生活の始めと終わりが関係している。私は、三十七年前に大学教員になる少し前からアインシュタインについての本を数冊読み始めた。それは、研究生活を始動させるにあたって、障害児心理学という私の専門から離れてはいても、学問世界の最高峰ともいえる彼の生き方から何かをつかんでおきたいと思ったからである。その結果、知ったのは、彼がかなりの変わり者で、自分の世界に入り込む人物であり、私も自分の中の変わり者の部分を打ち消すことなく、仕事の中に生かしていけばよいということだった。

そのアインシュタインが、実は幼児期に自閉症を疑わせる症状を示しており、私の専門分野につながっていることを知ったのは、もう少し時がたってからだった。また、同じ頃、エジソンが幼少期にＡＤＨＤの特性をもっていたことを知った。そして、また時を経て、「天才の栄光と挫折」と題する藤原正彦氏のテレビ講座（ＮＨＫ人間講座　二〇〇一年八月～九月期）の中で、若き日のニュートンの圧倒的な孤独を知ったとき、私の中で、天才たちの人生は少年期の孤独という線でつながり始めた。

しかし、その後、他の仕事にかかわる中で、このテーマは長い間、脇に置かれたままになっていた。それが、今になって、この問題に立ち返ることになったのは、大学という場での私の研究生活の終わりが見えてきたからである。これを機会に、未知の世界を切り開くとはどういうことなのか、天才たちの人生を手がかりに考えをまとめておきたいと思ったのである。

今回、このテーマに取り組んで気づいたのは、私も含め、人々の天才についての知識があまりにも断片的であるということだった。天才たちの人生の出来事は風変わりであったり、解釈困難であったりすることが多い。それらは、これまで精神病理の観点から分析や分類がなされてきたものである。しかし、そうすることは、天才たちを、やはり常人とは異なる、向こう側にいる人たちとして片づける結果を招くことにもなったと考えられる。そして、このような中で見失われてきたのは、天才たちの成長過程であり、その中に彼らの人生の出来事を収めるという作業である。彼らの常軌を逸した行動も、新世界を切り開くプロセスの中で生まれた、なくてはならないものである。このような視点をもつことで、私たちは創造過程の秘密をのぞくことができ、天才たちを同じ人間として、共感をもって見つめることができるようになる。本書を書き始めたのは、このことに気づいたからである。

それからもうひとつ、この本を書いたのには理由がある。これまで私は、自閉症という共有世界を築きにくい人々とかかわってきたため、彼らの中に人々との共有認識を形成することに重きを置き、一方で、非共有世界をもつことの意味について語ることが少なかった。この欠けた部分を、この本を書く中で補おうと思ったのである。創造性とは、人々がまだ気づかない、非共有の世界から生まれる。だから、それは否定されるべきものではなく、存在理由を確認しなければならないものである。

実のところは、私自身が自分の中の人とは共有できない部分に価値を置く人間である。研究者の道に進んだのも、「いや違う。本当はこうなんだ」といえる場所がほしかったからである。またそれは、創造的な仕事をしたいと思うすべての人の心に潜むものではないだろうか。本書では、あまりにも有名な六人の天才をとりあげることになったが、本当のねらいは、多くの人々の心に眠る、このような思いを掘り起こすことであるといえるだろう。

ところで、この本ができたのは、本書で取り上げた六人の天才について、多くの伝記作家、評論家、研究者による著述が、あらかじめ用意されていたからである。そこには、著者たちが長年かけて調べ上げた貴重な逸話がつまっていた。そのおかげで、今回、私は天才たちの人生を照合し、共通する事実を発見することができたといえる。ここに、感謝の意を示しておきたい。

また、最後に、本書の出版を引き受けてくださった新曜社にも感謝したい。同社は、私が自閉症研究から日本語研究に仕事の範囲を広げたときにもご支援をいただいた。今回、また、天才の成り立ちという、新しい領域に舵を切ることができたのも同社のご支援のおかげである。自閉症と日本語と天才という、一見全く異なるように見えるテーマは、実は、人と人と共有世界という三つのものの関係のあり方にすべて帰着させることができる。このことを確かめることができたのも、これらの本を書くことができたからである。また、編集部の田中由美子さんには、これまでと変わらず、丁寧に原稿を読んでいただき、貴重なご指摘をいただいた。記して感謝の意を表したい。

引用・参考文献

1章　天才と孤独

ヴィゴツキー（柴田義松訳）『思考と言語 上・下』明治図書出版　一九六二
ウィリアムズ、ドナ（河野万里子訳）『自閉症だったわたしへ Ⅱ』新潮文庫　二〇〇一
ウェスト・トマス・G（久志本克己訳）『天才たちは学校がきらいだった』講談社　一九九四
熊谷高幸『自閉症からのメッセージ』講談社現代新書　一九九三
ケネディ、ダイアン・M（海輪有香子訳）『ADHDと自閉症の関連がわかる本』明石書店　二〇〇四
ゴプニック、アリソン／メルツォフ、アンドルー・N／カール、パトリシア・K（峯浦厚子訳）『0歳児の「脳力」はここまで伸びる』PHP研究所　二〇〇三
ジェイムズ、イアン（草薙ゆり訳）『アスペルガーの偉人たち』スペクトラム出版社　二〇〇七
立花隆『臨死体験 上・下』文藝春秋　一九九四
トマセロ、マイケル（大堀壽夫ほか訳）『心とことばの起源を探る』勁草書房　二〇〇六
トレッファート、ダロルド・A（高橋健次訳）『なぜかれらは天才的能力を示すのか――サヴァン症候群の

驚異』草思社　一九九〇
バロン＝コーエン、サイモン（長野敬・長畑正道・今野義孝訳）『自閉症とマインド・ブラインドネス』青土社　一九九七
バロン＝コーエン、サイモン（三宅真砂子訳）『共感する女脳、システム化する男脳』日本放送出版協会　二〇〇五
ピアジェ、ジャン（波多野完治・滝沢武久訳）『知能の心理学』みすず書房　一九六七
フォックス、ダグラス（水谷淳訳）「脳の秘密の生活」（ジェレミー・ウェッブ編『「無」の科学』）ＳＢクリエイティブ　二〇一四
米国精神医学会編（高橋三郎ほか監訳）『ＤＳＭ-５　精神疾患の診断・統計マニュアル』医学書院　二〇一四
ヘッブ、Ｄ・Ｏ（白井常ほか訳）『行動学入門 第三版』紀伊国屋書店　一九七五
松本清張『黒い手帖』中公文庫　一九七四
湯川秀樹『旅人――ある物理学者の回想』角川文庫　一九六〇
レイクル、Ｍ・Ｅ「浮かび上がる脳の陰の活動」（『日経サイエンス』二〇一〇年六月号）
Belluck, Pam “Study Finds That Brains With Autism Fail to Trim Synapses as They Develop” The New York Times AUG.21, 2014

2章　レオナルド・ダ・ヴィンチ

アータレイ、ビューレント（高木隆司・佐柳信男訳）『モナ・リザと数学——ダ・ヴィンチの芸術と科学』化学同人　二〇〇六
池上英洋「3大巨匠を徹底解剖。ルネサンスとは何か。Ⅱ」（『Pen』336号）阪急コミュニケーションズ　二〇一三
ヴァザーリ、ジョルジョ（田中英道・森雅彦訳）『芸術家列伝3　レオナルド・ダ・ヴィンチ、ミケランジェロ』白水社　二〇一一
榊原晃三『世界の伝記24　ダ＝ビンチ』ぎょうせい　一九八一
杉全美帆子『イラストで読むレオナルド・ダ・ヴィンチ』河出書房新社　二〇一二
ダ・ヴィンチ、レオナルド（杉浦明平編訳）『レオナルド・ダ・ヴィンチの手記　上・下』岩波文庫　一九五四・一九五八
ダ・ヴィンチ、レオナルド（H・アンナ・スー編、森田義之監訳、小林もり子訳）『レオナルド・ダ・ヴィンチ——天才の素描と手稿』西村書店　二〇一二
Edwards, Roberta "Who Was Leonardo da Vinci?" Grosset & Dunlap New York 2005

3章　アイザック・ニュートン

ウェストフォール、リチャード・S（田中一郎・大谷隆昶訳）『アイザック・ニュートン　Ⅰ』平凡社

一九九三
島尾永康『ニュートン』岩波新書　評伝選　一九九四
藤原正彦『天才の栄光と挫折――数学者列伝』新潮社　二〇〇二
Krull, Kathleen "Isaac Newton" Puffin Books 2008

4章　トーマス・アルヴァ・エジソン

幸田、ヘンリー『天才エジソンの秘密――母が教えた7つのルール』講談社　二〇〇六
志村幸雄『世界を変えた素人発明家』日本経済新聞出版社　二〇一二
野村兼嗣『エジソン』ポプラ社　一九五九
ボールドウィン、ニール（椿正晴訳）『エジソン――20世紀を発明した男』三田出版会　一九九七
光瀬龍『エジソン』講談社　一九八八
Frith, Margaret "Who Was Thomas Alva Edison?" Grosset & Dunlap New York 2005

5章　夏目漱石

小田切進（編）『新潮日本文学アルバム2 夏目漱石』新潮社　一九八三
亀井俊介『英文学者 夏目漱石』松柏社　二〇一一
桜井信夫『「坊っちゃん」をかいた人――夏目漱石』岩崎書店　一九九二

夏目鏡子（述）、松岡譲（筆録）『漱石の思い出』文春文庫　一九九四
夏目漱石『硝子戸の中』新潮文庫　一九五六
夏目漱石『道草』ほるぷ出版　一九八四
夏目漱石『文学論 上・下』岩波文庫　二〇〇七
夏目漱石（三好行雄編）『漱石書簡集』岩波文庫　一九九〇
三浦雅士『漱石――母に愛されなかった子』岩波新書　二〇〇八

6章　アルベルト・アインシュタイン

アインシュタイン、アルベルト（ジョン・スタチェル編、青木薫訳）『アインシュタイン論文選』ちくま学芸文庫　二〇一一
クロッパー、ウィリアム・H（水谷淳訳）『物理学天才列伝 上』講談社ブルーバックス　二〇〇九
瀬川昌男『世界の伝記１ アインシュタイン』ぎょうせい　一九八一
ロナルドソン、ジェイク『英語で読むアインシュタイン』ＩＢＣパブリッシング　二〇一二
Brallier, Jess M. "Who Was Albert Einstein?" Grosset & Dunlap New York 2002

7章　スティーブ・ジョブズ

アイザックソン、ウォルター（井口耕二訳）『スティーブ・ジョブズ Ⅰ・Ⅱ』講談社　二〇一一

クリスティアン、トム『英語で読むスティーブ・ジョブズ』ＩＢＣパブリッシング　二〇一二
鈴木大拙『東洋的な見方 新編』岩波文庫　一九九七
林信行『ジョブズは何も発明せずにすべてを生み出した』青春新書　二〇一二
ヤング、ジェフリー・Ｓ（日暮雅通訳）『スティーブ・ジョブズ——パーソナル・コンピュータを創った男 上・下』ＪＩＣＣ出版局　一九八九
Pollack, Pam & Belviso, Meg "Who Was Steve Jobs?" Grosset & Dunlap New York 2012

8章　天才と現代

アンドリアセン、ナンシー・Ｃ（長野敬・太田英彦訳）『天才の脳科学』青土社　二〇〇七
エヴァンズ、リチャード（宇津木保訳）『ピアジェとの対話』誠信書房　一九七五
クーン、トーマス（中山茂訳）『科学革命の構造』みすず書房　一九七一
天外伺朗『人材は「不良社員」からさがせ』講談社　一九八八
湯川秀樹『旅人——ある物理学者の回想』角川文庫　一九六〇

【ま行】

【や行】

【ら・わ行】

索　引

【さ行】

索　引

著者紹介

熊谷高幸（くまがい・たかゆき）
1947年愛知県に生まれる。早稲田大学第一文学部フランス文学専攻卒業。印刷会社に勤めながら法政大学夜間部で2年間心理学を学ぶ。東北大学大学院教育学研究科博士課程単位取得退学。
現在，福井大学教育地域科学部特命教授。専門は自閉症者のコミュニケーション障害とその支援。現在は，これに加えて，日本語についての研究も進めている。
著書には『自閉症の謎 こころの謎：認知心理学からみたレインマンの世界』ミネルヴァ書房，『自閉症からのメッセージ』講談社，『自閉症：私とあなたが成り立つまで』ミネルヴァ書房，『日本語は映像的である：心理学から見えてくる日本語のしくみ』『タテ書きはことばの景色をつくる：タテヨコふたつの日本語がなぜ必要か？』以上，新曜社，などがある。

新曜社
天才を生んだ孤独な少年期
ダ・ヴィンチからジョブズまで

初版第1刷発行　2015年3月16日

著　者　熊谷高幸

発行者　塩浦　暲

発行所　株式会社　新曜社
101-0051　東京都千代田区神田神保町3-9
電話（03）3264-4973（代）・FAX（03）3239-2958
e-mail：info@shin-yo-sha.co.jp
URL：http://www.shin-yo-sha.co.jp/
印　刷　新日本印刷
製　本　イマヰ製本所

ISBN978-4-7885-1424-9　C1011

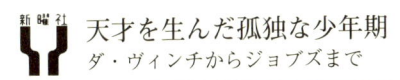